映画で人を育てたい

マザー・テレサに魅せられて

千葉 茂樹

燦葉出版社

目次

Part 2

Part 1

映画人としての使命

――世界に目を向けた取材――

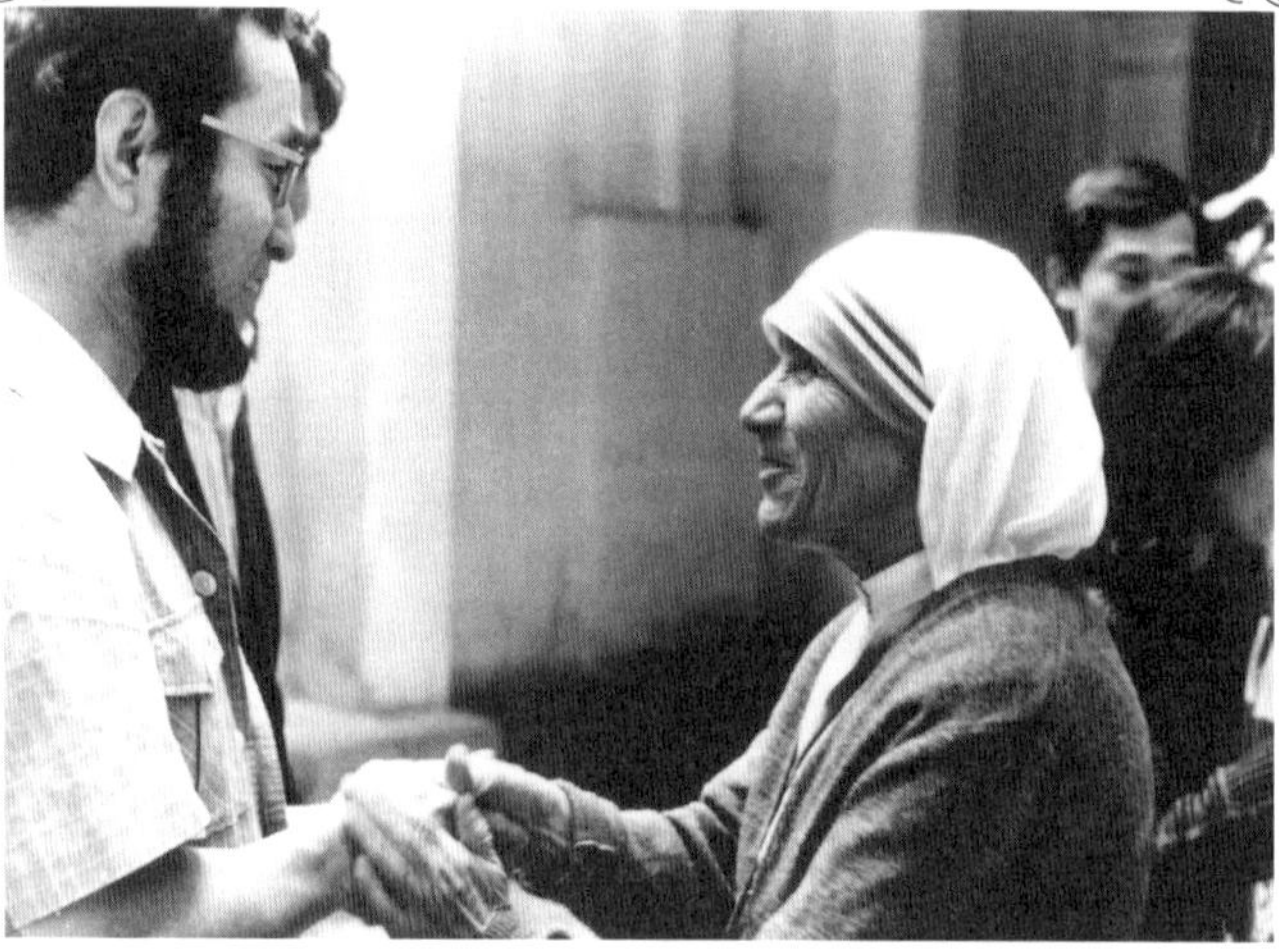

マザー・テレサと握手する著者（1978年）

映画で地球を愛したい

映画人としての始まり

映画を生業《なりわい》にして生きていきたいと思ったのは、私が福島大学の二部（夜間部）に通いながら役場で働いていた時期でした。それは、一つの映画作品黒澤明監督の『生きる』との出会いがきっかけでした。

主人公の公務員が末期がんを宣告された後に、「自分の人生とは何だったのか」と向き合うシーンは、当時役場で働く公務員として、他人事とは思えないテーマでした。それ以上に作品の素晴らしさに心を打たれ、自転車で映画館に行ったのを忘れ、呆然と歩いて帰ったほどでした。この作品との出会いが、故郷福島を飛び出して、「映画人として生きていく！」と大学時代に決意した原点となりました。

そんな衝動的な望みを、了承してくれる両親ではありませんでしたが、条件付きでわがままを受け入れてくれました。よくある、「三〇歳までに大成しなければ、あきらめて故郷に帰ってこい」というもので、そうならないように必死の思いでがんばりました。

その後、紆余曲折《うよきょくせつ》ありましたが、映画人として一定の評価を得、厳しかった親父も息子の奮闘を理解し、応援してくれるまでになりました。当時の親父のことを思い出すと、愛に溢れていた良い親父だったと思います。

脚本を書いたり映画を撮ったり、テレビドラマやドキュメンタリー番組を手がけたりと、いろいろな作品との出会いに恵まれました。けっして順風満帆とは言えませんが、映画やメディアの業界のみで仕事をし続けられたことは、大変恵まれていることで、本当に感謝しています。

映画人として歩んでいる中で、職業観を劇的に変化させられた作品や人との出会いといえば、私にとってはマザー・テレサがそれでした。

マザー・テレサとの出会い

私がマザー・テレサを知り、関心を高めていったのには、いくつかの段階がありました。

一九七六年に聖パウロ女子修道会によって、イギリスBBCの元記者が記した『マザーテレサ～すばらしいことを神さまのために～』(マルコム・マゲッリッジ著、沢田一夫役、女子パウロ会)が出版され、マザー・テレサという一人の修道女を知る契機になりました。この出版の準備段階から、後にマザー・テレサの映画のプロデューサーを務める小嶌好美(現・千葉好美)が高い関心を持ってマザー・テレサを調べていたので、私はその存在は聞いていました。ただ、正直なところ、その段階では、そうした偉人がインドで活躍している、という程度の理解でした。

その後、私がマザー・テレサへの関心を高めたのは、一九七五年十二月に『朝日新聞』に掲載されたコラム記事でした。コラムは、カナダで行われた国連人間居住会議（国連ハビタット）について解説する中で、カルカッタ（現コルカタ）の修道女マザー・テレサを紹介していました。記事で紹介されていたマザー（マザー・テレサの愛称）のスピーチに眼が止まりました。それは、会議中にマザー・テレサが発した一文でした。「カルカッタには六万人の屑拾いがいて、あらゆる資源を再利用しています。これこそが会議の精神でしょう」

私は、マザー・テレサへの興味が募り、この記事を書いた記者が帰国するのを待って、会いに行きました。

「彼女は極端に小柄です。なのに、どうしてあれほどの仕事ができるのか不思議です」と記者は話した後で、質問してきました。「ところで、あなたたちはなぜマザー・テレサに関心をお持ちなのですか？」

とっさの質問に、私は答えに窮してしまいました。ただ、マザー・テレサの生き方に魅せられたからだとしか言いようがなかったのです。今思い返すと、簡単には説明がつかないけれど私たちを行動へと動かす何かが、マザー・テレサの言葉や活動にはあったのだと思います。

マザー・テレサへの関心は、次にどのように具体的な組み立てをしていくのかを考える段階になりました。

世界のおかあさん

この時期に、好美は単身アメリカへ取材の旅に向かいました。取材のテーマは、「現代アメリカ女性たちの役割」で、中でもボランティアの傾向を人物中心に取材しようと考えていました。彼女はイギリスの著名な社会学者で、ジャーナリストであるモニカ・フェルトン女史の言葉に影響を受けていました。

「現代の真の主役は、派手に売り出された男たちではなく、あらゆる国の、自分を当たり前どころかつまらない女だと思っているが、その実行力と知恵を自分と子どもたちのことばかりでなく、全人類の幸福な生活のために捧げられている母親たちなのです」（一九五五年　世界母親大会）。フェルトン女史の訴えた「当たり前の女たち」は、現代社会の混乱の中にあっても、愛と勇気を持って、ひたすら生きています。

彼女はアメリカ社会の中でその実態を取材していました。

そうした取材の最中でも彼女はマザー・テレサへの関心が強く、どうやってマザー・テレサを知らしめるかを考え続けていたのだと思います。そうして、彼女はマザー・テレサの映像化にとってかけがえのない人物と出会いました。その人物とは、日本ルーテル教会の岡田曠吉《こうきち》牧師です。共通の友人がいることもあり話が弾み、日本から遠く離れたニューオリンズでお互いの関心や考え方などを共有し、話はマザー・テレサの話題に発展したのでした。

岡田牧師は、ルーテル教会の日本の宣教師としてどのように宣教を展開していくべきかに悩んでおり、好美はマザー・テレサをどのように探求していくかの一つの答えを探っていました。二人は、それぞれが持つ課題を「マスメディアを活用する」ことで解決する可能性を抱き、帰国したのでした。

その出会いから数カ月後、私と好美は、新しいテレビ番組の企画書「世界のおかあさん」を作り、岡田牧師に会いに行きました。まだ日本ではあまり知られていないインドの修道女マザー・テレサを盛り込んだ企画に、カトリックとは異なるルーテル教会の岡田牧師がどのように協力してくれるかという相談も兼ねて訪ねたのでした。

企画書を見たとき、岡田牧師は唸りました。それでも、どうすれば企画が実現できるかについて、協力していただくことになりました。ルーテル教会の意向を入れつつ、「釜ヶ崎のドイツおばさん」と呼ばれたエリザベス・ストロームさんや、「熊本・愛児園のママたち」と呼ばれたパウルスさん、ハツエさん、ウメ子さんらも取り上げ、子どもを産んだ女性を指す「母」だけではなく、広義な「母なる愛を持つ人」を意味することで、マザー・テレサを取り上げる環境を整えることになりました。

テレビ番組「世界のおかあさん」が実現するまでには、さらに一年以上の努力が必要でした。何よりも資金面での壁が高く、最終的に北欧のルーテル教会からの献金によって三〇分枠のテレビ番組一六回分（三カ月分）をまとめることになり、番組は世界ルーテル連盟・マスメディア研究所がスポンサーとなって提供されました。私たちは、この準備期間にマザー・テレサから取材許可を得るべくインドに向かうことにしました。

マザー・テレサとの面会

一九七六年十一月、私と好美は二人だけでインドのカルカッタに向かったのです。早朝五時、ボランティアが多く泊まる安ホテルからスラム街を歩いて一五分ほどの場所にマザー・テレサの修道院「神の愛の宣教者会」（MISSIONARIES OF CHARITY ＝ＭＣ）の母院がありました。戸口に立つと「Mother―Inn」の標識が確認できました。私たちが呼び鈴を鳴らすと若いシスターが顔をのぞかせて迎え入れてくれました。

ミサが行われるのは二階でしたが、マザー・テレサはすでに廊下に近い場所で祈っていました。

ミサの後で私たちは、マザー・テレサに日本から来たものだがお話がしたいと伝えました。一階の応接間で待つように言われたので階下に降りて応接室で待っていると、マザーが入って来られました。マザーは、部屋に入ると、止まっている扇風機を掃除用モップで軽く叩きました。すると扇風機がゆっくりと動き出したのです。まるで魔法使いのおばあちゃんのようです。それをきっかけにマザーは笑顔で話し始めました。

「日本からですね。疲れたでしょう。ところで日本には貧しい人びとはたくさんいるのでしょうか?」私たちは「貧しい人はいますが、カルカッタほどではありません」と応じました。その言葉を待っていたかのように「貧しい人」の話が始まりました。「貧しい人はすばらしい人ですよ。謙虚な人びとです」。その話しぶりが、誇りに満ちていました。

私たちは圧倒される思いで聞き入りました。マザーの語る内容がよく分からないまま時間が過ぎていきました。

「私たちには少し時間があります。シスターたちの働きを手伝わせてください。ここやニューデリーでもお手伝いがしたいのです」

子どもの家（1978年クリスマス）

私たちが必死にお願いすると、マザー・テレサは手元の紙切れに紹介の手紙を書いてくださいました。おかげで、MCでお手伝いをしながら見学をし、シスターたちの働きを間近で見させていただくことになりました。

カルカッタを後にした私たちは国内便でニューデリーに向かいました。さっそくオールドデリーの中にあるMCの修道院を訪ねました。貧しい子どもたちの施設が隣にある静かな場所です。担当のシスターが案内してくれて、子どもたちの面倒をみてほしいと言うので二日間世話をしました。言葉が分からないので子どもから教えられる始末でした。インドには言語が異なる多様な人種がいて、ヒンズー語を中心に数多くの言語が使われています。マザー・テレサはユーゴスラビア生まれですから、そうした言語の問題を乗り越える努力をしたに違いありません。

シスターたちの仕事を手伝わせていただいた中で、もっとも強く心に突き刺さったのは、「ニルマル・ヒルダイ」（ヒンズー語で「聖なる心の家」〝死を待つ人の家〟）とMCの近くにある「シシュババン」（子どもの家）でした。この二つは後の映画撮影にも多くの時間をかけた場所です。これらの施設での体験を経て、私の中に大きな決心をしようという想いが湧いてきたのでした。

「ここで起きていることを映像にして、日本中の人びとに知ってもらいたい」と思ったのでした。

テレビ番組から映画へ

マザー・テレサとの面会を果たした私たちは、日本に戻りテレビ番組「世界のおかあさん」の制作とマザー・テレサ取材準備に取りかかりました。

一九七七年四月にテレビ朝日で「世界のおかあさん」の放映が始まりました。しかし、放映開始から約半年経ってもマザー・テレサの取材許可は下りず、結局番組放映に間に合う取材は行えませんでした。誰に責任があるわけではなく、当時の情報インフラ問題やインド政府の許可手続きなど、今では想像ができないほど障害が多かった時代の、難しい挑戦だったからだと思います。

他方で、この挑戦は、その後に続く私たちとマザー・テレサとのつながりにおいて大切な要素となり、結果として「世界のおかあさん」での取材は叶わなかったのですが、その後取材が許され、ドキュメンタリー映画の取材を開始することになりました。本当に大切なご縁を多くの方々や組織、国境を越えてつないでいただいたと改めて感謝しています。

ドキュメンタリー映画を制作するにあたって、「世界のおかあさん」の失敗が役立って、すんなりいったなんてことはありません。ただ、そのときに学んだ教訓から、私たちは多方面へ理解を求め、好美は文字通り東奔西走して許可を取りました。

連絡手段の問題だけではなく、いろいろとレスポンスが悪い中で、好美はカトリック教会のルートを介して、東京大司教直筆の手紙をインドに持参し説得を試みました。東京大司教からの手紙は、現地の大司教を動かし、さらには国会議員を動かし、政府の許可を促すきっかけになりました。マザー・テレサからの条件として、「政府が許可すること」があり、好美はサリーを着てインドの国会へ説得に回るなどし、「世界のおかあさん」で叶わなかった使命を果たすべく、奔走しました。数えきれないドラマがありました。多方面からの熱意によって、ようやくドキュメンタリー映画を制作する土台が整ったのでした。

マザー・テレサの映像化

私たちは、さっそく所属していた近代映画協会の企画会議に「マザー・テレサの映像化」を提出しました。会議には私と好美も参加し、カルカッタの実情とマザー・テレサの活動を撮影したスチール写真を交えて報告しました。

特に「死を待つ人の家」のエピソードは衝撃的で一同は黙りこんでいました。

すると、会長の新藤兼人監督が発言したのです。

「『死を待つ人の家』など存在することが不自然だな。そのようなものはブルドーザーでも持って行って叩きつぶせばいいのだ」

その発言を待っていたように、高島社長が言いました。

「千葉ちゃん、カトリックの尼さんが主人公の映画なんて誰が観てくれるのかね」

しばらく沈黙が続きました。

好美が静かに口を開き、新藤監督に問いかけました。

「先生、もし『死を待つ人の家』に先生自身の身内の人が入っていたらどうしますか？　それでもブルドーザーでつぶすのですか？」

新藤監督は、一瞬言葉を失い、タバコに火をつけて言いました。

「いや、たとえばの話だよ。第一女であるシスターが一人で貧乏人を助けるなんて無理だと言っているんだよ。社会そのものを改造しないと不可能だと言っているのだ」

二時間の会議は紛糾し、結論は持ち越しになったのです。テレビ局に相談してみてはどうか、それが私に任されたのでした。

一週間後、私たちはテレビ朝日で企画部長だった友人を訪ねて「マザー・テレサの映像化」を相談しました。彼はマザー・テレサのことはまったく知らずにこう言ったのです。

「視聴率は取れますか? もし、ノーベル賞でも取れたらその時にやりましょうか?」

同行した好美は、ムキになって言い返しました。

「きっとノーベル賞を取りますよ。私たちは信じています」

それ以上の相談は無駄でした。私たちはテレビ局には相談しても無理だ、二度とテレビ局には企画を持って行くまいと思ったのでした。しかし、この直後、思いがけない出会いが待っていたのです。

六本木のバス停留所でバスを待っていた時でした。停車したバスから顔見知り

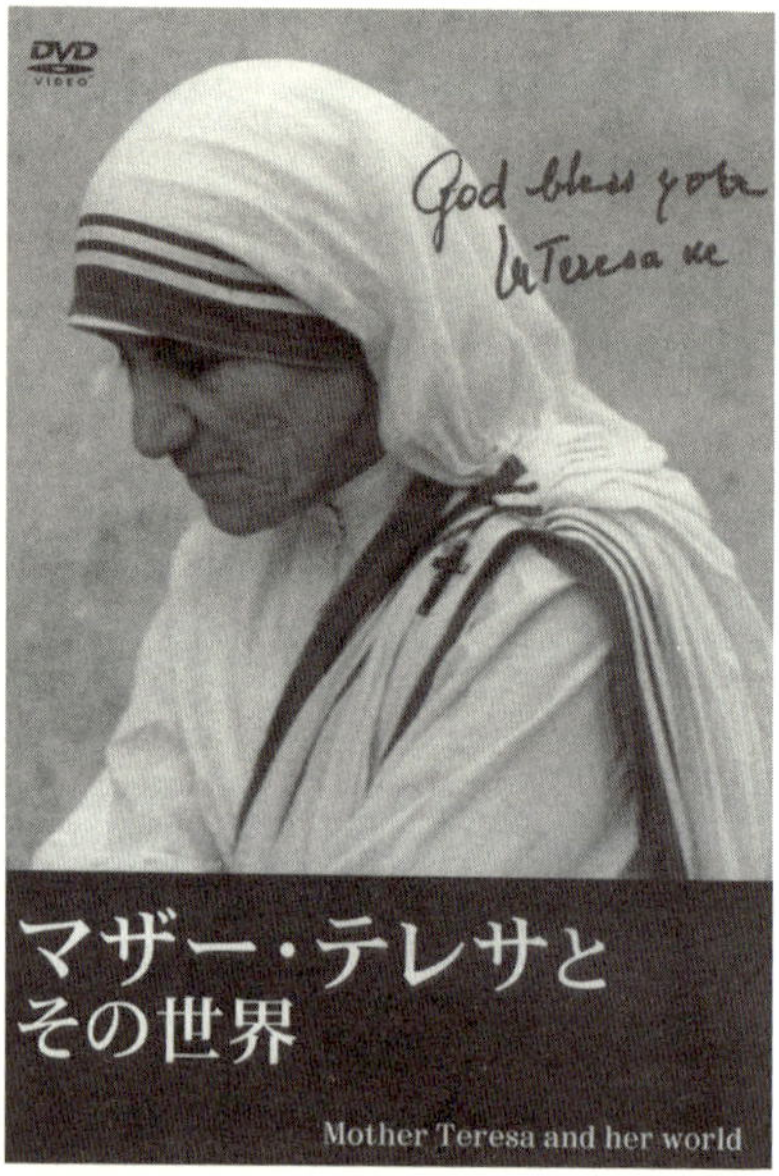

映画『マザー・テレサとその世界』
DVDジャケット

のシスター白井詔子さんが降りてきて、好美に声をかけてきたのです。

「あら小嶌さん、どうしたの?」

「シスター、今とても腹が立っているのよ」

二人は聖パウロ女子修道会の機関誌『あけぼの』の仕事で知り合っていたのです。

「私たち、マザー・テレサに一カ月前にお会いしてきたのよ。今、その企画を売り込みに行って断わられてきたの」

そう言った時、シスターは私たちを近くの喫茶店に誘ったのです。

「マザー・テレサのことは賛成ですよ。私から修道院長に相談していいかしら?」

この出会いが契機となり、メディアによる宣教に取り組んでいる聖パウロ女子

マザー・テレサとシスター白井詔子（左から２人目）と映画制作スタッフ

修道会と独立プロの近代映画協会が協力し、『マザー・テレサとその世界』のドキュメンタリー映画を世に送り出すことになりました。

マザー・テレサの教え

マザー・テレサの合意のもと、世界で初めての本格的長編ドキュメンタリー映画『マザー・テレサとその世界』が完成し、国内外で多くの賞をいただくことになりました。また、時を同じくして、マザー・テレサがノーベル平和賞を受賞するというタイミングに恵まれ、広くマザー・テレサの仕事が知られるようになりました。

私たちは、この作品の制作を通じて、多くのことを学びました。特に、私は「職業とどのように向き合うか」という、誰もが抱く課題のヒントをもらったと思っています。

それは、カルカッタのMCでの終生誓願式でのことでした。終生誓願とは、一人前の修道女になるための学び、いわば研修が終了して修道女として生きることを誓う節目を指します。この式の撮影が、最初のシーンでした。その時にマザー・テレサが修道女たちに述べた言葉は、撮影している私たちにも通じる普遍的な教えだと感じました。

「今、皆さんは一人前の修道女になりました。しかし、ソーシャルワーカーという職業に就いたわけではなくて、あなた方が選んだ生き方を通して、貧しい人、苦しんでいる人、病んでいる人に生涯を捧げるということです。そして、その生き方に喜びを見出すのです」

マザー・テレサの力強い肉声をヘッドフォン越しに聞きながら、これは修道女

マザー・テレサのお見舞いにカルカッタを訪れた著者家族（1989年クリスマス）

の皆さんだけではなく、私自身にも言われていることだと感じました。映画を撮ることを食べる手段としてやっているだけではダメだと言われているような気がしました。

「映画を通じてあなた方に託された使命を生きなさい」

私なりの解釈でそう受け止めました。これは、あらゆる職業に就く人たちに通じる普遍的なメッセージだと感じました。私は、映画とどのように向き合い、映画を通じて何をするべきか、真剣に考えだしました。

マザー・テレサに出会ったことで、私

の映画人生の指針が決まったのです。それまでも映画の可能性を探ってきましたが、よりいっそう社会で起きている事柄に関心が高まりました。また、私が所属していた近代映画協会の特色として、社会的な課題に焦点を当てた作品を手がける機会も増え、映画を通じて社会的課題と対峙する基盤が整ってきました。

ちょうどその頃、世界を震撼させる大事故がヨーロッパで起きました。一九八六年のチェルノブイリ原発事故です。この出来事が、私を含めた若い映画人たちを立ち上がらせることになりました。

映画という影響力の強い道具を使い、何か始めたいと、皆で動き出しました。私たちは、映画が持つチカラを信じて、社会の課題とどのように向き合い、映画を活用して社会をより良くするにはどうするべきかを考え出しました。

社会課題と向き合う

環境問題・原発問題

一九八九年に公開した映画『あしたが消える——どうして原発?——』は、当時の日本では関心の低いテーマでした。沖縄を含め、全国三〇カ所で公開はされたものの、その後休眠状態になっていました。福島第一原子力発電所の作業員が五二歳の若さでがんに侵され急死したことに遺族が疑問を抱き、新聞に投書したことからスタートした作品でした。

原発とがん、当時はその相関性について世間の注目は薄かったのです。約二〇年以上の月日を経て、注目を浴びることになろうとは思いもしませんでした。映

映画『あしたが消える』のポスター（1989年）

画を通じて社会への問題提起を行った作品でしたが、商業映画と異なり、影響力は限定的でした。

二〇一一年三月に起きた東日本大震災に伴う福島第一原発での事故によって、ドキュメンタリーでの告発や運動では訴えきれなかった原発に対する人びとの不安が爆発しました。未だに科学的による相関が認められてはいませんが、原発とがんの問題、特に小児甲状腺がんの問題はこれからの福島県にとって深刻な問題となっています。原発事故後に本作品の価値が評価されることになったのは、ありがたいと同時に、当時の警告が社会に届かなかったことに責任を感じています。

原発の立地点となった福島県の浜通りは、歴史的にも産業がない厳しい土地です。そのような地域が苦渋の選択として、原発を立地したことは、変えようのない事実です。

日本映画学校（現・日本映画大学）での教え子でもある李相日監督が描き日本アカデミー賞を受賞した『フラガール』からも、浜通りの難しい現実が垣間見えるように、常磐炭田から始まる福島県浜通り地域の歴史を鑑《かんが》みると、単純に原発を否定する声をあげるのも難しいことが理解できます。

福島第一原発事故後に最注目された映画『あしたが消える』（2011年）

そうしたことも踏まえながら『あしたが消える――どうして原発?――』という作品を観ていただきたいと思いますし、二〇一一年から新しい環境とエネルギーへと意識の変革をしなければいけないと思っています。

現代社会がエネルギーを必要としているのは当然です。ひと昔前まで原稿用紙とえんぴつで飯を食っていたシナリオライターの私でさえキーボードをカタカタ鳴らしながら、電力エネルギーを消費するかたちに移行しているのですから、これまで以上にエネルギーが必要なことは否めません。ただ、だからこそもう一度、環境と原発について向き合わなければいけないと感じています。

震災から七年が経過した今でも、多くの方々が以前の日常に戻れていない現実があります。その現実に対し、誰が責任をとることができるのか。その問いに答えることができないのであれば、エネルギーを利用し続ける私たちが変わらねばならないと思います。

あの事故から得た教訓は、徐々にでも自然を利用した風力発電など、私たちが責任を持てるエネルギーに移行していくべきだということです。三〇年近く前に私たちが映画を撮っていた時に気づくべきであったのかもしれませんが、まだ遅くないと感じています。

生命尊重・人権

いのちを守る勇気

マザー・テレサに影響を受け、生命尊重への問題意識も芽生えました。マザー・テレサは終始一貫して、中絶を始め、現代における生命の軽視を鋭く指摘し、すべての生命が神の創造物による尊い賜物であると訴えていました。

一九八一年の初来日の場でも、日本の若者たちに向けて愛の尊さと純愛について語っていました。

マザー・テレサは、インドにおける自然な家族計画を提唱し、その実践に取り組んでいました。当時のインドでは、毎年一千万人の人口増加が社会問題化しており、学校に行けず読み書きのできない貧しい人びとへの自然な家族計画の推奨は不可能だと思われていました。しかし、マザー・テレサは、どんなに貧しく無学であろうとも人間への尊敬と信頼を失わず、根気よく彼らへの教育を続けてい

マザー・テレサ初来日の空港に出迎える著者（1981年4月）

ました。長い間家族計画の指導を行ってきたシスターは次のように語っていました。

「貧しく無学な人びとのほうが、金持ちで教育のある人より家族計画に真剣です。なぜなら、たくさんいる子どもたちに食物を与えられない苦しみを身にしみて感じているからです」

貧しく無学な人びとの美しい心を知らされました。

マザー・テレサからの影響は、のちに国内での生命尊重運動に私を突き動かす原点にもなりました。当時、日本では知られていなかった赤ちゃんポストの視察にドイツを訪れ、熊本での導入に向けた問題提起を行うなど、いのちを守るために運動したのは、マザー・テレサの教えがあったからでした。

赤ちゃんポスト

生命尊重運動は、その時代時代に即した活動を展開してきました。マザー・テレサが訴えた時代には、社会も家庭の背景も大きく異なる中で「いのちを守る」ことについては社会の成熟化につれていっそう意味が増してきたように感じています。官民ともにいろいろな議論が巻き起こった赤ちゃんポストの導入は、これまでの生命尊重運動とこれからにとって重要な取り組みの一つとなりました。

映像作品『赤ちゃんポスト――ドイツと日本の取り組み――』の取材は二〇〇四年五月から始まりました。ドイツでの赤ちゃんポストの視察には、生命尊重センター田口朝子氏（理事）らスタッフ六名と、熊本市の慈恵病院副院長・蓮田太二医師、田尻由貴子看護部長による視察団で渡航しました。約一〇日間に及ぶ視察の終わりに、蓮田医師は私たちの取材にこう答えてくれました。

「赤ちゃんを救うことだけでなく、いのちの大切さということを拡げていかなければいけない、その気持ちを強くしましたね」

現地視察は、そうした想いを強くするものであり、視察団は日本国内での導入に向けて準備を始めました。しかし、実際に国内で赤ちゃんポストを導入するには、多くの関門があり、行政、医療現場、福祉現場、世論の理解など多様な準備が必要となりました。

当時の日本では、児童虐待の相談件数は一五年で八倍に増え、死亡例のうち六割以上は〇歳の赤ちゃんでした。そのうち五五％が生まれたその日のうちに殺されているという現実がありました。

蓮田医師の耳にも熊本市内で生まれて間もない赤ちゃんが三人遺棄され、うち二人が亡くなったというニュースが飛び込んできて、「なぜ救えなかったのか」という自責の念に駆られ、赤ちゃんポストの導入への決意を固めました。そして、二〇〇七年五月、蓮田医師たちは熊本慈恵病院に国内最初の赤ちゃんポスト「こうのとりのゆりかご」を開設しました。

その後の反響は大きく、赤ちゃんポストには賛否含めいろいろな意見があったのは周知のことと思います。赤ちゃんポストの設置によって、「子捨てを助長するのではないか?」という批判もみられましたが、病院もこの問題を未然に防ぐために、二四時間フリーダイヤルの電話相談「SOS赤ちゃんとお母さんの妊娠相談窓口」を開設するなど徹底しました。また、赤ちゃんを受け入れる前にも相談に乗り、その結果、「やっぱり自分で育てよう」と決意する親が増えるなど、最大限の取り組みを実施してきました。

赤ちゃんポストは、病院スタッフや関係者の不断の努力によって設置から一〇年が経ちました。この一〇年間で、預け入れは減り、その一方で相談のSOS電話が一〇倍に増えたことは、社会環境の変化もあると同時に、関係者の愛のある取り組みが「いのちを守る勇気」を育む一助になったのではないか、と感じています。

私たちは、その時代時代に即した生命尊重運動を展開すべきだと考えていますが、選択の正しさに迷うことが多々あります。赤ちゃんポストは、一〇年の月日が流れ、多くのいのちを救えたという実績があっても、本当に正しい取り組みなのかどうなのか、未だ誰にもわからないと思います。

私たちがマザー・テレサから影響を受けて、向き合わなければいけないのは「いのちの大切さ」であり、それ以上でも以下でもないと考えています。そこに生きようとするいのちがあれば、手を差し伸べ、最善の枠組みを考えていく。これは、社会全体で取り組むべき、人類の永遠のテーマの一つであると思います。

国際養子――ボーネッシュ一家

マザー・テレサの生命尊重の活動を語るうえで、孤児たちを国際養子として受け入れてきた諸外国の家族の話を抜きには語れません。私たちがマザー・テレサを知るきっかけになったのが、国際養子だったことを考えれば、まさにこの取り組みこそが、マザー・テレサの考え方と活動の核心であったと思います。

私たちが注目をしたのは、インドのマザー・テレサの「子どもの家」から多くの養子を受け入れたボーネッシュ一家です。ボーネッシュ夫妻は、実子四人に加え、養子を一〇人以上受け入れていました。私たちは、この夫妻の取り組みに関

国際養子とマザー・テレサ（1995年国際家族年）

心を持ち、彼らの日常を追いかけることにしました。この時に完成した作品が一九七四年『愛の養子たち』でした。
当時、夫妻の取り組みを世間に紹介すると、多くの反響がありました。家族のあり方、生命を守るという観点からも考えさせられる作品でした。この作品制作が、マザー・テレサの存在を知るきっかけの一つになりました。私たち家族とボーネッシュ一家との付き合いが始まりました。
ボーネッシュ一家との交流は、映画を作るだけに留まらず、さまざまな形で継続してきました。これは、ボーネッ

ボーネッシュ一家（1995年国際家族年）

シュ一家に限ったことではありませんが、取材対象者との距離を縮めるためというより、お互いに敬意を払い、人間同士として尊敬し合う、取材対象者以上の関係をつくることが重要だと考えているからです。私はそこまで徹底できていないのですが、当時のプロデューサーだった好美は、映画制作と関係のないところでも交流と信頼関係の醸成に努め、それゆえに心を開いた方々もいました。取材嫌いのマザー・テレサがそうした例で、映画の撮影を受け入れていただいたのは、人間同士の交渉があったからだと思います。

そのような経緯もあり、私たちは、ボーネッシュ一家の子どもたちが成長する喜びをともに分かち合っていく関係になり、日本とベルギーの遠距離でインターネットもない時代に、海を越えてお互いの家族の近況などを報告し合いながら交流を深めていきました。

最初の出会いから約二五年の月日が流れた時、それまでの良好な関係が崩れる出来事がありました。

一九九五年国際家族年にあたり、ボーネッシュ一家の二五年後に焦点をあてた番組をＮＨＫで制作することになり、私はベルギーに向かいました。その際に、夫妻に探さないでくれと言われていた家出した子どもたちを探し出し、取材したことでボーネッシュ夫妻の信頼を失ってしまいました。ＮＨＫとの約束があったからなのですが、妻・好美が二五年も親しく文通してきた関係を壊してしまいました。

この作品に深い愛着を持つと同時に心痛む後悔が今も残っています。映画人としての欲求を抑えられず、相手の気持ちを尊重することを軽視していたせいかもしれません。

夫妻との関係は後味の悪いものとなりましたが、夫妻が大切にしてきた家族や生命を守るというメッセージは今もなお私の生命尊重運動の大きな支えになっています。いつの日かまたボーネッシュ一家と出会える日を夢見てしっかりと私の仕事をしていきたいと思っています。

デ・ソーマー一家

二〇一六年九月四日、マザー・テレサは教皇フランシスコによって列聖されました。私たち夫婦は、マザー・テレサの列聖を祝う式典へ参加するためにバチカンを訪れました。

教皇は「マザー・テレサにとって慈しみの心は、自分の働きに味を付ける『塩』であるとともに、貧困と苦しみのために涙も枯れ果てた人々を照らす『光』であ

ゲント市で再会したデ・ソーマー家族と著者家族

る」と世界各地からやってきた一二万の参列者に語りかけました。帰天からわずか一九年での列聖は、教会の歴史のなかでも異例の早さでした。

多くの参列者でバチカン市内は大賑わい。一時のお祭り気分を満喫した私たちは、バチカンを後にし、ベルギーへ向かいました。ベルギーには、ボーネッシュ一家以外にも交流を続けてきたデ・ソーマー一家がいて、三〇年ぶりに再会するために一路東フランドル州の州都であるゲントに向かいました。

三四年前、デ・ソーマー夫妻は、マザー・テレサの「子どもの家」から二歳の女の

幼い頃のラリータと娘の照紗

子を養女として迎えました。名前はラリータ。家族の深い愛に包まれて育ち、今は結婚して南米チリに住んでいます。彼女がインドからベルギーに渡るまでの一部始終を同行しカメラに収めたこと、彼女が私たちの長女と同い年であったこと、また彼女がベルギーで新生活を始めた頃に私たちの長男がベルギーで生まれたことも相まって、ラリータは記憶に残る国際養子でした。

数年前にラリータは女の子のお母さんになりました。女の子の名前はミラ。ベルギー生まれのお父さんとの間に生まれた、目がくっきりしたかわいい子です。そのミラが生まれた年に、私の長男がベルギーを三〇年ぶりに訪れ、再会を果たしました。ベルギー生まれでしたが、生まれただけで一度も訪れてなかったこともあり、三〇歳になった年に、まさに三〇年ぶりにベルギーを訪れ、国際養子であったラリータと、当時長男のベビーシッターをやっていたパ

母国インドのサリーを身にまとう現在のラリータ

ラリータの長女と長男（2016 年移転先のチリ）

ラリータの家族（2016 年チリ）

スカルとの再会をしました。

息子の土産話によれば、ラリータは聡明な女性として育ち、英語やフランス語だけでなくポルトガル語など語学堪能なカメラマンとして活躍しているとのことでした。マザー・テレサの「子どもの家」では描けなかった未来を、自らの力で切り拓いたのだと感慨深い想いに浸りました。

そのラリータが、新たな命を授かり、母となった。これこそマザー・テレサの活動の象徴なのかもしれないと感じました。そんな息子の話もあり、バチカンに行く機会に久しぶりのベルギーを目指したわけです。

ベルギーでは、ラリータの両親であるデ・ソーマー夫妻が迎えてくれました。近々ラリータに第二子が誕生するので間もなくチリに出発すると語ってくれました。七二歳のご夫妻にとって、ベルギーからチリへの旅は決して容易なものではありません。新しい家族が増えることは夫妻にとって、限りない喜びなのでしょう。

好美は「愛はまず家庭から始まるのです。愛は家庭に住まうものです」というマザー・テレサの言葉を思い出したそうです。家庭がいかに大切かを マザー・テレサは繰り返し語り、子どもは家庭で育てなければならないとおっしゃっていました。マザーにとって家族とは、血縁も国籍も言語も関係なく、愛を持って子どもを大切に育てる人たちのことを指していたのだと思います。それが、「地球家族――GLOBAL FAMILY――」という考え方なのだと、デ・ソーマー夫妻と話しながら改めて感じたのでした。

日本に帰国して三週間ほど経った時に、デ・ソーマー夫妻から元気そうな男の子の写真が送られてきました。そこには、喜びに包まれた地球家族の姿がありました。

映画を通じた国際親善

豪日に架ける〜愛の鉄道

これまで、多種多様な映画作品に携わってきましたが、ドキュメンタリーを中心として、どのように社会と向き合うかを柱に取り組んできました。私が手がけてきた作品の多くは、愛や家族などに焦点を当てたものでしたが、国境や人種を超える愛のメッセージを発したいという思いは強く持っていました。

こうした中で出会ったオーストラリア人の一人の神父のストーリーは、戦後五〇年の節目と重なり、戦前生まれの私が強い関心を持つものとなりました。その後長く続くオーストラリアとの関係の始まりでした。また、いろいろな映画を

トニー・グリン神父（1995年）

撮り続けてきた私が、一つの国に執着して、根を下ろしながら作品制作に取り組んだ最初で最後のケースになったのでした。

映画『豪日に架ける～愛の鉄道』は、一九九五年秋からおよそ四年の歳月をかけて取り組んだ作品です。映画を紹介するパンフレットに思いを綴りました。

「来るべき二一世紀を平和な世界にすることは、人類すべての願いです。二〇世紀を振り返ると、私たちは戦争という過ちを繰り返してきました。日本とオーストラリアの間にも悲しいドラマが遺されています。今も消えない反日感情。このような両国の関係を改善させるために地道に努力をして

トニー・グリン神父と日本の子どもたち（1995年日本）

きた人たちがいます。中でも、日本政府を始め、イギリス、オーストラリア政府から叙勲され、奈良の名誉市民でもある故トニー・グリン神父の活躍は大きいものです。私たちは市民の立場で、彼を含む両国民の勇気ある行動をドキュメンタリー映画として制作し、次の世代に和解と平和を引き継いでいこうと願うものです」

カンガルーやコアラのイメージが強い南半球のオーストラリアですが、先の大戦ではお互いが憎しみ合い恨みを残している一面もあります。日本軍による空爆を経験した北部のダーウィンや、太平洋の島々で日本兵と激しく闘った元軍人、日本軍に強制労働を強いられた元捕虜、戦争犠牲者など、戦後五〇年経っても傷跡はオーストラリアに残っていました。

そのオーストラリアと旧敵国日本との和解に取り組んでいたトニー・グリン神父の活動は、オーストラリア人だけではなく日本人にとっても胸を打たれるものでした。トニー・グリン神父の活動を軸に二国間の和平と未来を描こうと決め、それから四年間にわたりオーストラリアに通いました。

ドキュメンタリー映画『豪日に架ける～愛の鉄道』は、一九九九年六月に完成しました。初めての試写会は奈良市民ホールで開催されました。その会場には、元日本軍衛生兵として泰緬《たいめん》鉄道（第二次世界大戦中に日本軍がタイ―ビルマ国境に敷設）の建設に従事した九〇歳の重本晴光さんも駆けつけてくれました。重本さんは、当時クリスマスのミサ用にワインを欲しがったオーストラリア捕虜の願いを聞き入れ、葡萄酒がなかったのでブランデーを調達しました。

「その時は敵も味方もなかった」

彼はそう語りました。このような感動的ストーリーは、戦中においても数多く

映画『豪日に架ける〜愛の鉄道』の回想場面

存在し、戦後の和平の一助になっていることを知るきっかけになりましたし、このようなストーリーを伝えるチカラを映画が持っていることを痛感しました。
　この作品では、さまざまな試みを行いました。その多くは、テーマである「愛は憎しみを超えられるか」というものでした。ドキュメンタリーの中に、再現ドラマを取り入れ、元軍人の心の移り変わりを表す工夫をしたり、オーストラリアで影響力のあるミュージシャンの和平への訴えを織り交ぜたりして、未来志向で二国間関係をどのように構築していくか模索しました。
　一九九五年当時、オーストラリアにおけ

映画『豪日に架ける～愛の鉄道』広報チラシ（1995年）

る戦争記念日の四月二十五日は「日本人はあまり外出しないように」と言われていました。あれから二〇年以上が経ちましたが、今はワーキングホリデーで両国の青年交流が増え、ラグビーブームにのって日本人選手が本場のラグビーチームで活躍するなど、二国間の関係は確実に向上したと感じています。

また、二〇一一年三・一一の東日本大震災後、私の先祖の故郷である宮城県の沿岸部へいち早くオーストラリアのレスキュー隊が入り、親身になって復興を支えてくれました。そして、震災から六年以上が経過した今も継続的にオーストラリア大使館を中心として、被災地の復興に尽力いただいており、新たな二国間の信頼が生まれています。

サザンクロス日本映画祭

私は、この二国間の関係醸成を映画という道具を使って手伝いたいと思いました。『豪日に架ける～愛の鉄道』が完成するタイミングで、日本映画学校の協力を得て「サザンクロス日本映画祭」というイベントを立ち上げました。

サザンクロス日本映画祭 2000 のパンフレット（2000 年オーストラリア 3 都市）

　映画祭を開催する年は、シドニーオリンピックの年でした。日本映画学校の今村昌平監督をシドニーに招き、シドニーやキャンベラなど三都市五会場で今村監督の代表作『黒い雨』のほか、日本映画が上映されました。五会場目となった、オーストラリア映画テレビ・ラジオ学校（AFTRS）では、今村監督を含めたシンポジウムが開催されました。そのシンポジウムを企画した人物こそ、のちに私たちにシネ・リテラシーという映像教育を紹介してくれるジェーン・ミルズ教授だったのです。

オーストラリアとの映画を通じた国際親善はその後も、サザンクロス日本映画祭のほかに日本におけるオーストラリア映画の上映や学生の来日など、十年間にわたり活発に行われました。何よりもシネ・リテラシーとの出会いにつながったことが、私にとっては運命的でした。

マザー・テレサの列聖が意味すること

私の映画人としての使命

先にも触れましたが、私たち夫婦は二〇一六年九月にバチカン市国で行われたマザー・テレサの列聖の式典に参列させていただきました。イタリア語での進行でしたが、熱気と人びとの信仰への想いを強く感じました。式典に際して教皇フランシスコが述べたことばをバチカンニュースから引用したのが次の文です。

「《神の計画を知りうる者がいるでしょうか》（知恵の書九・十三）先ほど第一朗

マザー・テレサの列聖式での著者（2016 年夏ローマ・バチカン）

読で耳を傾けた、この《知恵の書》の問いは、私たちの人生を一つの神秘として示していません。この神秘を解く鍵を、私たちは持っていません。歴史の主役は常に二者です。それは神と、人間です。私たちの課題は、神の招きを知ること、そしてその御旨を受け入れることです。しかし、それを迷いなく受け入れるためには、何が神の御旨なのだろうかと、私たちは問うのです。（中略）マザー・テレサの、都市の辺境、人びとの心の辺境におけるミッションは、もっとも貧しい人たちへの神の寄り添いを、今も雄弁に証しています。今日、マザー・テレサの女性として、修道者としての象徴的な生き方を、ボランティアの世界全体に託します。マザー・テレサは、皆さんにとって聖性のモデルです。おそらく、私たちはマザー・テレサを聖テレサと呼ぶことに慣れないかもしれません。親しみのある、豊かな聖性ゆえに、私たちは自然な形でマザー・テレサと呼び続けることでしょう。疲れを知らないいつくしみの奉仕者、マザー・テレサは私たちの行いの唯一の規範が、あらゆるイデオロギーや制約から自由な言語や文化、民族、宗教の違いを越えた、無償の愛であることを教えてくれます。マザー・

マザー・テレサのMCの3代目総長シスター・プレマ（中央）（2016年夏・バチカン）

テレサはよくこのように言っていました。『わたしは彼らの言葉を話すことはできないかもしれませんが、ほほえむことはできます』。心の中にマザー・テレサのほほえみを保ち、人生の中で出会う人びと、時に苦しむ人たちに贈りましょう。理解や優しさを求めている人びと、落胆した人びとに、希望と喜びの世界を開きましょう」

教皇が述べたことは、私たちがマザー・テレサと向き合い感じたことでした。そして、改めてマザー・テレサの列聖の意味することを私なりに考え始めました。それは、それぞれの職業人や母、父などの立場で行うべき仕事について考えることでした。

そうした観点から考えると「映画を通じて人を育てる」ことが私の映画人としての使命だったのではないかと思います。作品制作と向き合いながら、マザー・テレサという大きな人間と向き合ったときに、私が職業人として何ができるのかを考えた結論であったと思っています。

Part 2

映画で人を育てる

——メディア・リテラシーの習得を通して——

横浜映画専門学院〈2年制〉（1975年横浜駅東口ビル2階3階に間借りしてスタート）

教壇に立つ映画人

日本映画学校を手伝う

日本映画学校は、映画監督・今村昌平によって一九七五年に創立された二年制の学校です。一九七九年の『マザー・テレサとその世界』が文化映画ベストワンに選ばれて、私は、今村監督の劇映画『復讐するは我にあり』と同じ表彰台に上る栄誉に与ったのです。それが縁で今村学校と呼ばれた映画学校を手伝うことになったのでした。

設立当初は横浜駅の東口にあった急ごしらえの教室で、俳優科もあり、二〇〇人を超す学生たちと勉強が始まりました。私が最初に任されたのは一八人。顔合

泥だらけになっての農村実習

地方の方々にお世話になっている学生たち

わせがすむと、シナリオ創作の宿題を出して、私は海外取材に出るといったありさまでした。それでもなんとかやれると教務担当者が言うのです。

それほど教師陣が不足していたのでしょう。一週間後に、私がバングラデシュ取材から帰ってみると、学生たち全員が農村実習で福島県磐梯町に出かけていました。私はその後を追って急ぎ磐梯町に向いました。その頃の映画学校の名物は、全学生を磐梯町で二週間田植えの体験学習をさせることでした。私が磐梯町に着いてみると、今村校長以下一〇名ほどの教師陣も町の民宿にいて、学生たちの体験話を聞いている最中でした。

泥田んぼの中で悪戦苦闘している私の担当ゼミの女子学生も、私の顔を見るなりうれしくて泣きだす始末でした。このような貴重な体験は一〇年近く続きました。

日本映画学校での取り組み

一九八六年四月、日本映画学校は川崎・新百合ヶ丘（小田急線沿線）に移転し、三年制の専門学校に昇格しました。

その段階で、私は初めに映画演出コース（二〇人×三クラス）のゼミを担当。楽しくも忙しく、演習まで体験しました。一九九九年の卒業作品『青＝chong』では野球場の観客エキストラを集めるために野球場の近くの団地にビラを配り、テレホンカードを用意して観客席を埋めたのも懐かしい思い出です。学内発表では作品が大評

川崎市北部に新設した日本映画学校（現日本映画大学）

『青——chong』ポスター（1998年度卒業制作）

判となり、直後の第二二回ぴあフィルムフェスティバルでグランプリを獲得したのです。この時の監督がのちに大ヒットを飛ばした『フラガール』の李相日君（日本映画学校一一期）です。

一九九六年四月、創立当時から講師を務めてきた佐藤忠男氏が学校長に就任しました。副校長には映画科担当として私が就任、演出家の藤田傳氏が俳優科を担当、俳優科は二年制になりました。俳優科の卒業公演は、東京青山の円形劇場で三日間行われ、今村監督も毎回ナマの舞台を堪能していました。

映像科の卒業公演は、新橋のスペースＦＳ汐留で毎年三日間行われ、出演されたプロの

日本映画学校時代の著者

俳優さんや学生たちの家族にも成果を見てもらいました。

卒業制作映画について、佐藤忠男学校長が次のように述べています。

「なかには映画館で公開されて全国的に話題になった作品もある。《ファザーレス／父なき時代》《あんによんキムチ》《home》《青～chong》などである。実習映画とは言っても、立派な作品であり、なかには日本映画の歴史に記録される作品も少なからずある」

二〇〇四年十一月、今村監督に代わって佐藤忠男が新理事長・校長に就任し、日本初の映画専門大学昇格に向けて準備を始めました。今村監督が当初から望んでいたことでした。

私自身は、その準備のかたわら映画学校の最後の二年間、「映像ジャーナル」担任と日本映画学校の校長を務めました。その二年間には、卒業作品『シュピレヒコール』、『Ｖｏｙ！〜ある選手たちの戦い』、『漁り火』、そして、『おらほの鉄道』が作られ、教育者としての私の宝物となったのです。

映画と教育

メディア・リテラシーの系譜

メディアを読み解き、主体的な思考に基づき発信していく力のことを「メディア・リテラシー」といいます。技術の革新はメディアのかたちを多様にし、私たちはメディアとどのように共存していくかが重要な課題となっています。

メディア・リテラシーの考え方は、一九三〇年代のイギリスから始まったとされています。当時、ヨーロッパではナチスの台頭もあり、政治のメディア利用への危惧が高まりつつありました。イギリスの英文学者F・R・リーヴィスは、『文化と環境』という書籍を出版し、国内のメディア環境への危惧について警鐘を鳴らしました。新聞や大衆小説、広告などの特徴を分析したこの書籍は、イギリスがメディア教育において大国と称される原点とも言われています。

一九三六年にはバチカンがローマ教皇名で各国政府に対して、映画を含むニューメディアの影響を考え、メディア教育をカリキュラムに導入するように要請を行うなど、第二次世界大戦をまたいでヨーロッパを中心にメディア教育の重要性が増していきました。

二〇世紀は映像の世紀とも称されますが、この強力な媒体（メディア）と市民がどのように付き合っていくべきかという葛藤の世紀でもありました。第二次大戦後、欧米を中心にメディア教育は発展するも、異なる歴史背景を持つ地域での浸透はあまり進みませんでした。国連も、各国政府へメディア教育の重要性とメディア・リテラシーの習得を促してきましたが、国によって受け止め方には違いがありました。

二一世紀に入ると一気に市民がメディア・リテラシーの重要性を理解する流れが加速しました。二〇〇一年九月十一日、ニューヨークの世界貿易センタービルが崩れる姿が生放送で世界に中継されました。その後の世界では、大国の指導者が世論を形成すべくメディアで訴えを展開したり、テロ組織の指導者がビデオメッセージで声明を発表したり、メディア戦略合戦が展開されました。

さらには、ダーイッシュ（俗にイスラム国と呼ばれる集団）に代表されるテロ組織などは、動画チャンネルやSNSを駆使し、世界のイスラム教徒への共闘を呼びかけ、それに呼応する若者たちがヨーロッパから中東へ流れているという現状があります。もはや、メディア・リテラシーの習得を徹底しなければ、日常生活にまで支障が出てしまうといっても言いすぎではない社会に私たちは置かれているのです。

日本でのメディア教育

先進国に追いついていない日本

メディア教育はヨーロッパを中心に発展を遂げてきました。日本では、メディア教育の導入自体は遅くなりましたが、メディアとの付き合い方の教育についての意識は早くから芽生えていました。

一九三五年にはＮＨＫの前身となる社団法人日本放送協会の西本三十二《みとじ》が「ラジヲを如何に利用するかの教育、ラジヲを如何に聴取するかの教育、ラジヲを如何に批判するかといふ教育は今後の学校教育に於て重大な問題」と言及しており、このラジヲという言葉をメディア全般に置き換えれば、現代のメディア教育の根幹となる考えと比べなんら遜色がありません。

しかし、その後GHQによる占領を経て日本におけるメディア教育は発展しないままに現代にいたりました。一九九四年に起きた松本サリン事件によるマスコミ報道と世論形成の問題が契機となり注目が高まりましたが、メディア教育先進国が推進してきたレベルには追いついていないのが現状です。

他方で、日本の一部では、世界水準でのメディア教育が行われていた地域がありました。今思えば、不思議な縁を感じますが、私の故郷である福島県にある本宮町という片田舎での取り組みでした。

父から届いた新聞記事

それは、故郷の父から届いた新聞記事から始まりました。

《有名な高村光太郎の詩『智恵子抄』で知られる安達太良山の麓の小さな町で、

地道な文化活動が始っていたのだ》

父が送ってきた新聞記事には、福島県本宮町で市民たちによる町ぐるみでの映画鑑賞の取り組みが紹介されていました。本宮《もとみや》方式映画教室運動と呼ばれ、福島県内だけではなく県外にも影響を与える教育的取り組みとして注目を受けつつありました。映画人として駆け出しの時期に父から知らされたこの取り組み、今考えるとその後の映画人としての歩みに大きな影響を与えられたと感じています。

当時は考えもしなかったのですが、映画人としての私の使命を考えた時、「映画を通じての人育て」というテーマが見えてきます。マザー・テレサとの出会いや、平和への取り組み、さらにはシネ・リテラシーという映像教育手法や三・一一以降に故郷福島で始めた映画を通じた心の復興の取り組み。その原点が、かつて父から知らされた本宮方式映画教室運動であったかとも思っています。

本宮町への興味が高まり、本宮町を訪ね始め、知らぬうちに長きにわたる「映画と教育」の不思議な縁が始まったのでした。

本宮方式映画教室運動

本宮方式映画教室運動（以降、本宮方式）とはどのようなものかを説明したいと思います。

本宮方式は、本宮町民が主体となって構築した運動でした。本宮方式を主導した当時小学校教諭の岡部司先生の著書によると、最初は母親たちと教師たちによる勉強会の場から始まったとされています。

一九五六年、「台所から出て、物事を考えてみよう」を合言葉に、本宮町で母親たちと教師たちが定例的に意見交換の場をつくり始め、名前を「青いエンピツの会」と決めました。何度か意見交換を重ねるうちに、話題が「映画と風紀」に絞られ、参加者の問題意識について発言が相次ぎました。岡部先生の著書の該当部分をそのまま引用したいと思います。

「特にひどいエロ・グロ映画のポスターが街なかに貼られているし、映画館でも上映は遠慮して貰えないか?」。話題が突然「映画と風紀」に絞られた。その結果、町に二つある映画館と直に交渉してみようと動き出したという訳である。

本宮中央館の館主・坂詰さんともう一つの映画館は、「青いエンピツの会」のおばさんたちと直に交渉を重ねたが、彼女たちは坂詰館主から意外な事実を知らされた。

「あんたら、エロ・グロ映画なんておっしゃいますが、そういうことを言う人ほど《ナイト・ショー》によく来られます。ひとつの資料を出してみますか。この一年で上映した記録映画『マナスルに立つ』が三日間で何人入ったと思いますか。たったの三〇〇人です。三日間でですよ」

「青いエンピツの会」のおばさんも唖然としたが、さらに館主は実績を示して解説した。

「詰まらん映画だと言われる『吉原百人斬り』は同じ三日間で八倍の一八〇〇人。『逆光線』『肉体の反抗』これらは一〇倍を超していますよ」

私（岡部）は、坂詰館主がふと漏らした町の映画観覧実態には、心に引っかかるものを感じ、これが私を映画教室へ引きずり込んだ大きな原動力ともなり、じつに貴重な示唆を私に与えてくれたことになったのである。

その当時、映画館で上映される映画には過激なものが多く、保護者や教育者の視点から子どもたちの教育上よくないというのが大方の意見だったようです。他方で、映画館は教育的観点のみで運営されているわけではありません。「青いエンピツの会」は、その課題解決にむけて、母親・教師・映画館の三者による意見交換を進め、やがて三者の協力のもと、町ぐるみで「良い映画を鑑賞しよう」という本宮方式の基礎がつくられたのでした。

母親や教師たちからすると、映画館で教育的な映画を上映してもらいたい、町からエロ・グロなどの過激な広告なども排除したい、というのが希望。映画館としては、そのような映画を上映した際に客入りの担保はどうするのかというのが課題。両者の思惑が合致する形で、町ぐるみで良い映画を鑑賞する取り組みを行

本宮方式映画教室運動（岡部、1965）

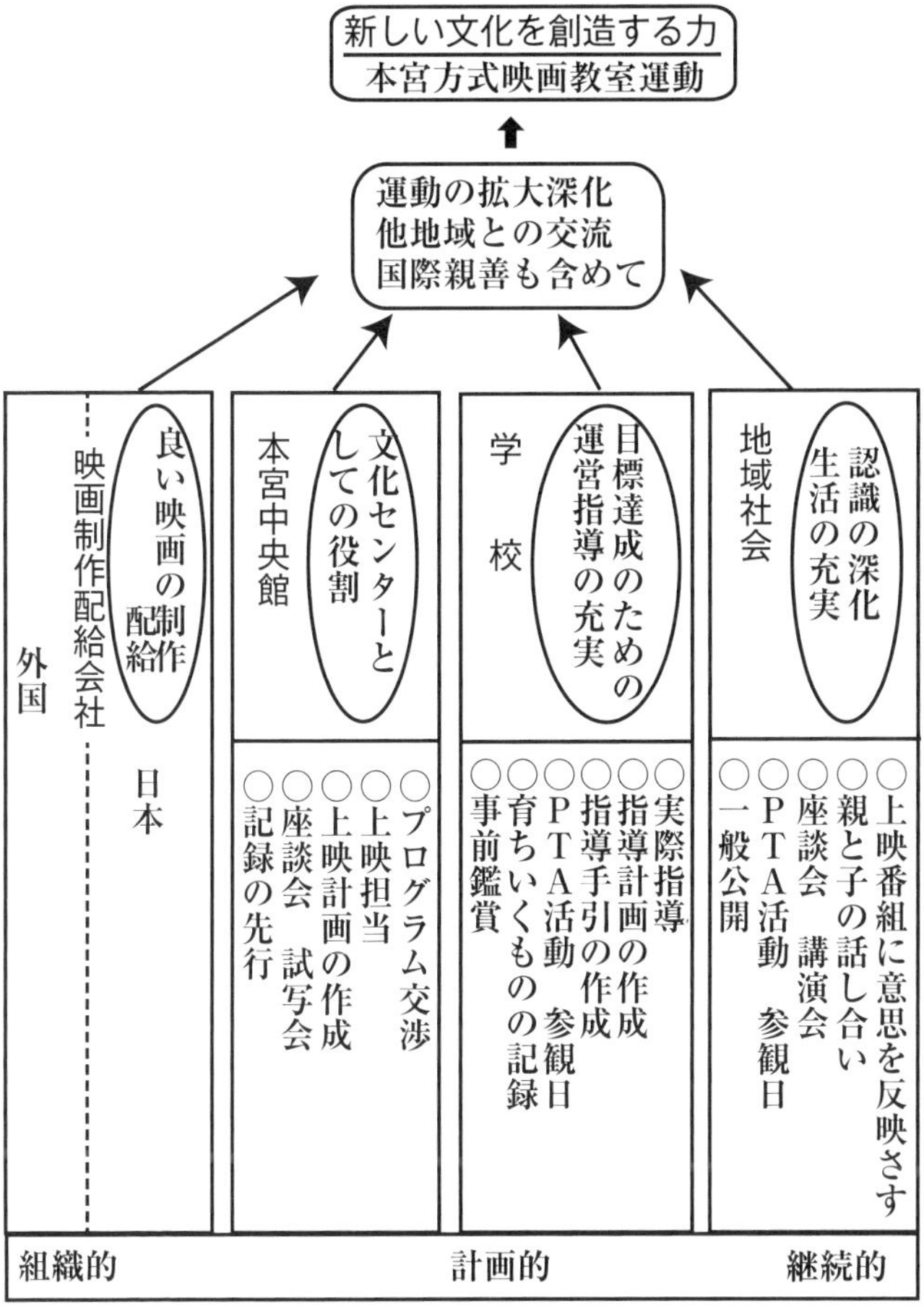

うことが進み始めました。

私が父に紹介されて読んだ記事では、本宮方式の五年間の取り組みを振り返り、岡部先生が次のように運動の理念を述べていました。

「映画を通じて、子どもはもちろん大人たちもみんなが、明日の文化を創造していく力を身につけるために努力しよう」

映画を鑑賞し、主体的に読み解く

本宮方式は、月に一作品のペースで教育上「良い映画」を町の映画館で上映する形で始められました。選定には、映画館のほかに「青いエンピツの会」なども加わり、毎月の作品を決めました。

上映される際には、教師たちが引率をして児童に鑑賞させ、ＰＴＡも都合のつく範囲で作品を鑑賞しました。また、ＰＴＡや町の人びとはチケットの販売にも一定の責任を共有していました。この背景には「作る人、見せる人も悪いが、見る人も悪い」という考えがあったと一九六四年九月五日『読売新聞』夕刊で紹介されています。

特記すべき点は、地域が一体となって子どもたちへの責任を共有した点が挙げられますが、それ以上に注目すべきは鑑賞後に車座になって映画の感想を述べ合う、意見交換の場がセットだったということです。

ただ見るだけが映画教室ではなく、鑑賞後複数回にわたり作品についての議論がなされる。親子座談会も設定され、親と子が感想だけでなく論理的な意見も交わすことは、子どもたちが大人と対等に向き合う、機会ともなったのです。

「本宮方式」という名称の名付け親である社会評論家の神崎清氏が一九六一年に刊行した『育ちいくものの記録』（第一集）の中で、ある日の映画教室を次のように記述しています。

「先生、俺は島が泣いていると思ったべ」

映画『裸の島』（一九六〇年、新藤兼人監督）を鑑賞した後の親子教室で小学四年生の一人が突然こう発言したのである。担任の教師は、思いがけぬ言葉に「そうか。泣いていたのか」と何度も繰り返して自分自身で反復した。この学童の成績はいつもクラスで最下位、何を言ってもハッキリした返事をしない、〝教室のお荷物っ子〟だった。ところが、この映画教室の後、映画に対する教師の態度は変わったのである。

後述のオーストラリアにおけるメディア教育でも触れますが、メディア・リテラシー教育ではこういった「学校での勉強」に向いていない子どもたちに有意に働くケースを目の当たりにします。近年では、学校の勉強だけでなく、「社会で活躍する力」への評価も高まりつつあります。先述の児童の感受性は高く、読み解く力に長けているのではないかとも感じます。

リテラシーという言葉はもともと識字を意味し、識字率を高める教育をリテラシー教育と言っていた時代もありました。メディア・リテラシーは、多様な媒体からの情報と共存する現代の私たちにとって、現代の識字教育だとも考えられています。そうした観点から『裸の島』を見た児童の例は、大きな枠組みでのリテラシー教育としての可能性を本宮方式が示唆していたと感じます。

本宮方式は、世界で初めて公教育でメディア・リテラシーのカリキュラム化がなされたカナダ・オンタリオ州での取り組みなどにも通ずる点が多々あります。カナダもまた市民や教師らが主体的に活動を展開し、暴力的なメディアから子どもたちを守るという防護的な意味を含んで展開されました。また、「振り返り」という作業を重要視する点でも国際的なメディア・リテラシー教育と同様の取り組みであったと評価できます。地域の人たちが、子どもたちの教育と向き合って編みだした本宮方式。映画鑑賞だけに終わらずさらなる展開をみせました。

映画『こころの山脈』故郷福島での映像制作

本宮方式の取り組みは、映画鑑賞だけにとどまらず、「町で映画を制作する」という試みに発展しました。父母たちが資金集めを行い、自主映画の制作にまで発展したのです。

運動開始当時から携わる岡部先生は取材に次のように答えています。

「良い映画を求め、与える運動の積みかさねの発展として、良い映画をつくりだそうという念願を持ち続けていたんです。映画教育運動は俗悪映画の追放だけでなく、良いものを与える――作るというところまできたわけです」(一九六五年九月二十三日『朝日新聞』朝刊)

こうして、本宮町での映画制作が始まり、私にとっては脚本家としてのデビュー作となりました。本宮町民総がかりでの映画制作により映画『こころの山脈』が完成しました。完成試写会は一九六五年十二月二十六日、地元の本宮中央館で行われました。

その日、会場を埋め尽くした関係者を前に、吉村公三郎監督はこう語りました。

福島県本宮町での映画『こころの山脈』撮影の様子（1965年夏）

吉村監督（右端）と女優・山岡久乃（左から２人目）

映画ロケ先の吉村監督（左から２人目）と著者（左から３人目）

「文化とは、本宮のみんなが実行したような地道な行動から発展していくものだと思うのです。私にとっても、皆さんと一緒にこのような文化を自らつくり出す活動に参加できたことは大きな喜びであり、誇りでもあります。病気で死に損なったけど、生きて本宮のみんなと出会うことができて本当によかった。これこそが人間復活といえるし、文化の創造に関われた喜びでもあります」

私の両親は会場で感動に打ち震えていました。私は、父と交わした約束があったので、安堵したのを記憶しています。父としては、息子が映画界で自立できる目鼻がついたと感じた瞬間だったと思います。

映画『こころの山脈』は、一九六六年早春に東宝株式会社によって全国配給され、大きな話題となりました。この年、『キネマ旬報』は「本宮方式映画制作の会」に特別賞を授与し、その健闘を讃えました。

映画と教育の融合はその時から始まっていました。私にとってのシネ・リテラシー（映画教育）の始まりです。

オーストラリアにおけるシネ・リテラシー

ジェーン・ミルズ博士との出会い

オーストラリアとのかかわりは、娘の留学が契機でした。過去に何度かは取材や撮影などで訪問しましたが、短期間で文化や歴史を深く学ぶ機会とはなりませんでした。しかし、家族が住むとなると関心は高まります。その後、末娘、息子と後を追って渡豪することになり、シドニーは南半球のホームタウンのような土地となり、その土地での作品制作にも意欲が湧き、二つ作品を制作しました。

一つ目は、先にも紹介した映画『豪日に架ける～愛の鉄道』です。この映画は日豪両国の間に未だ存在する先の大戦の心の傷に対して、和解と平和のために人生を捧げた人びとを追いかけたものでした。

二つ目は、オーストラリアで展開されている映画を通じた教育活動、シネ・リテラシーをテーマにした作品でした。多文化主義を採用しているオーストラリアでは、移民への教育や多様性の推進が課題となっており、そうした課題に対して映画を活用した教育手法が注目されていました。このシネ・リテラシーによる教育手法を推進・指導していたジェーン・ミルズ博士との出会いが、私たちにとって大きな使命を感じさせたのでした。

オーストラリアのメディア教育

オーストラリアにおけるメディア教育の歴史は一九七〇年代に西オーストラリア州から広がりました。当時高校の英語教師であったバリー・マクマホンがイギリスとカナダでメディア教育を学び、帰国後の一九七三年に自身の所属する高校の英語科で取り入れたのが最初であったとされています。メディア教育は一九九四年に政府の教育指針に組み込まれ、現在では科目横断的にメディア教育の要素が導入され、複数の教科でメディア・テクストの批判的分析が行われています。

オーストラリアにおいてメディア教育のカリキュラム化が発展した理由として、多文化主義を採用している国の方針が関係していました。二〇一一年の国勢調査では、約四人に一人は外国で生まれ移住してきたという結果が出ています。過去十年で着実に割合は増え、英語を母国語としない国からの移民に起因する教育問題も深刻化しています。こうした課題への一つの解決策としての期待もメディア教育にあったのです。

国内最大の都市シドニーを有するニューサウスウェールズ州（ＮＳＷ）では映画制作を中心に据えたシネ・リテラシーを二〇一一年からカリキュラムに制定しました。この実践を伴うメディア教育は、理論的な学びだけの教育に比べ母国語が英語でない子どもたちへの教育効果も認められています。

また、制作を通じ表現に対する議論も生徒間で行われるため、表現のモラルな

日豪学生映画祭の様子（2011 年日本映画学校）

どについても活発に意見交換がなされます。多文化・多民族のオーストラリアでは、人種や文化、宗教および政治などさまざまな話題がメディア制作に向けて取り上げられ、その作業を通じ総合的な学びが行われています。そして、このシネ・リテラシーの取り組みを主導したのが、英国放送協会（ＢＢＣ）のディレクターやＮＳＷ大学講師を歴任しシネ・リテラシーの研究開発に携わったジェーン・ミルズ博士だったのです。

私たち夫婦は、ミルズ博士と意気投合し、オーストラリアにおけるシネ・リテラシーの取り組みを作品化し、日本でも実践できる環境整備に向けて動き出したのです。

混沌とするメディア社会

オーストラリアにおけるメディア教育は、私たちが生活をするメディア社会における多くの課題への気づきの機会になりました。オーストラリアにおけるメディア教育は、移民大国が抱える問題の解決の一助として期待され、多様性を向上させる取り組みでした。

私たちがメディアを通じてあらゆる情報を得、その情報をもとに世論を形成するから、メディアを学ぶことが差別や人権問題などにとって、とても重要なことと認識されているのです。

近年ではインターネットなどのメディアが活用される一方で、「ネット右翼」などに代表されるインターネット上での誹謗中傷や差別、人権問題も山積しています。根拠を示さない情報が溢れたり、間違った偏見が真の情報のように流布されていたりします。今後、今以上にグローバリゼーションが進み、国境を越えて人の交流がさらに活発化し、またＬＧＢＴなどの性的少数者や異なる文化・宗教への理解が求められる社会においては、メディアを読み解き、理解することは「違いを排除しないこと」そのものの基盤になると考えられます。多様性を担保した社会の形成にとってとても大切なことだと考えています。

世界を認識するための道具

世界は情報技術（IT）の進歩によって一瞬にしてコミュニケーションがとれる時代になりました。地球の裏側で開催されるオリンピックに世界中の人と時を同じくして興奮したり、世界的アーティストの訃報を世界中の市民とともに悲しんだりと、地球が一体となれるほど技術の革新は進みました。

このイノベーションは、情報を受け取る側の力の重要性を再確認させ、これまで以上にメディア・リテラシーについて考えさせられる時代になったと感じています。

メディアと政治

いつの時代も権力者は、メディアを巧みに使い民衆への影響力を強めてきました。スピーチや紙媒体を使っての発信、ラジオやテレビなどのマスメディアによる発信。近年はインターネットを活用し、動画などを戦略的に使って影響力を行使するなど、メディアの政治活用の頻度は増しています。

権力者によるメディア規制などは、インターネットなどが発展した現代社会ではすぐに明らかになり、その異常さに対し国内外からの批判にさらされます。他方で、未だにあからさまなメディア規制を行い、体制に不利な情報を規制するケースも目にします。二〇一七年七月、ノーベル平和賞受賞者で中国人の民主活動家・劉暁波《リウシャオポー》氏が亡くなられました。彼の活動を支持してきた多くの人が国内外でこの民主活動家の死を悲しみ、SNSなどに多くの書き込みがありました。しかし、中国国内で「劉暁波」に関する書き込みは削除され、検索エンジンで探すことのできない規制が政府によってなされました。国際社会で高い評価を受けた民主活動家も、体制転覆を促す危険分子の犯罪人として扱われてきたため、彼の死によって民主的思想を持った人のうねりが生まれることを恐れた措置だったといえます。

しかし、この対応が中国という国の異常さを国際社会に示す例となり、ここまで露骨なメディア規制を行う現実を教えてくれる契機になったと思います。

中国の例を用いましたが、中国を批判するつもりもなく、擁護をするつもりもありません。時に為政者は体制に不利益な情報を隠したり、規制したりする。これは、為政者だけの話ではなく、民間企業でもそうした対応をすることがあります。ただ、そうした規制や嘘は最終的にはそこに住まう国民にとって不利益をもたらすことになります。そうならないために市民がチェックをし、闘わなければならないと思います。これは、当時一二歳で終戦を迎えるまで日本の負けを疑わなかった私の経験でもあり、多くの日本国民が悲しみを背負うことになった史実から学ぶべきことでもあるからです。

日本においても二〇一三年に特定秘密保護法案が、二〇一七年には共謀罪としてテロ等準備罪法案が成立しました。それぞれ日本の安全保障環境や治安環境へのリスクから国民を守ることを大義に審議が進められ、成立した法律ですが、こうした法整備に対しても国内外で意見は分かれています。権力者の主観によって、いかようにも規制できる法整備が進められたことは事実ですし、これまで以上に市民のチェック機能が求められる時代になったと感じています。

一方で、権力者だけにとどまらず、反社会組織やテロリストなどもメディアを巧みに活用し、その影響力を強めている現状があります。

ダーイッシュのメディア戦略

二〇〇一年九月十一日、ニューヨークの国際貿易センタービルに旅客機が衝突し、世界は生中継でその惨事を目の当たりにしました。同時に、血で血を洗う二十一世紀の戦争が始まり「対テロ」という争いが世界中で起こりました。

戦場はアフガニスタン、イラクと続き、今なお世界は混迷の中にあります。テロリストはメディアを通じて結集を訴え、賛同する若者たちが世界中から戦いに参戦しています。特に、ダーイッシュは、メディア戦略を徹底し、影響力を高めています。世界はダーイッシュが投稿する動画に注目しています。これはメディア社会の危うい要素を多く含んだ事例の一つといえます。

多様性への理解

私は混沌とする国際情勢やメディア社会の危うさを打開するため、メディア教育が重要であると感じています。オーストラリアでは、移民国家の抱える諸課題への対応が期待されていますが、それは多様性への理解を促すものでした。政治のメディア活用に対しての受け止め方も、教育によって理解できますし、テロリストがメディア戦略により影響力を行使することも同様に理解することができます。

ダーイッシュのメディアを活用した賛同者の結集に対しては、私たちが見落としがちな一つの視点があると思います。それは、このような情報に呼応してしまう層を私たち自身がつくってしまっているということです。ダーイッシュに賛同してシリアなどに渡る若者の多くは、イギリスやフランスで生活するイスラム教徒の若者です。彼らは、イギリスやフランスで、自らのおかれた状況に息苦しさを感じ、その状況を打破するために、イスラム教徒による国を目指したとも考えられます。

メディア教育は、メディアを通じて多様な存在を理解し、受け入れることを目的としています。メディアを通じ、触れ合ったことのない情報や存在を知り、幅広い思考力を身につけ、コミュニケーションを形成していく。これがメディア教育です。多様な存在の理解を促すことができれば、テロリストたちがメディアを活用して結集を呼びかけても、情報を精査し、周辺の人びととコミュニティを形成するなどし、局面を打開することができると思います。長い道のりかもしれませんが、メディア教育を通じて、多様な存在を認め合い、受け入れ合う社会の形成を目指していかなければならないと考えています。

映画が持つ新たな可能性

イギリスのメディア教育の姿勢——メディアの良き理解者を育てる

イギリスにおけるメディア教育は、いわゆる産学連携のようなかたちで、社会全体で取り組まれてきました。その中で重要な要素を担ってきたのは英国映画協会（ＢＦＩ）という団体でした。

ＢＦＩは映画産業全体の活性化に取り組み、公式・非公式の教育を通じて映像に対する理解を深めてもらい、映像のすばらしさを知ってもらうことを目的として活動しています。ＢＦＩの設立は一九三三年と古く、政府からの出資と独自財源により運営されている半官半民の団体です。

教育部門ではメディア教育研究が行われ、政策提言などを通じ一九八八年のメディア教育導入に大きな影響を及ぼしました。ＢＦＩの特筆すべき活動は、公教育におけるメディア教育の担い手となる教育者の育成に尽力してきたことです。ＢＦＩは政府と共同で教員向け教材を開発し、教員研修などを積極的に展開し、高い評価を受けてきました。さらに修士レベルの通信講座も開設し、高いレベルでの教員養成にも力を入れています。ＢＦＩはメディア教育という手法を利用し、映像を中心とした「メディアへの良き理解者」を育て増やすことによって産業を活性化させようと取り組んでいるのです。

一見、商業的な取り組みと感じられるかもしれませんが、商業と教育が連携し、双方に相乗効果をもたらすことが、質の高い教育と職業人の育成に直結することを考えれば、こうした取り組みはとても大切なことだと考えられます。

このイギリスの姿勢は、日本も積極的に学ぶべきだと思います。映画産業などが観客動員数や質の高い作品の配給の少なさなどの問題点を嘆くだけでなく、産業を支える人材を長い視座に立って未来に向けて育成し、戦略的に「良き理解者」

を育てることが重要です。ＢＦＩのような団体の必要性が、これまで以上に高まっているように思います。

被災地における心の復興

三・一一以降の市民

これまで、メディア・リテラシーの習得に疎かったと思われた日本ですが、近年そうした雰囲気が変わりつつあるように感じます。その契機の一つとなったのは、二〇一一年三月十一日に発生した東日本大震災とそれに伴う原子力災害でした。

未曽有の震災は、私たちに大自然の圧倒的な力を見せつけると同時に、これまで何気なく使い、人びとの意識が低かったエネルギー問題へ真剣に対峙する節目となりました。震災以降の社会では、原発を巡るさまざまな動きが活発化し、良くも悪くも意識が高まりました。あまりにも代償の大きい気づきの機会になってしまったことは、福島県出身の一人として、心が痛みます。

エネルギー問題だけではありません。

この災害で市民が気がついたもう一つの点は、「情報の大切さ」です。原子力災害によって避難を余儀なくされた方々の中には、メディアが流す情報と自らが置かれている状況とのギャップによりメディアへの不信が芽生えた方も少なくありませんでした。そうした方々が海外メディアの報道を避難先で、インターネットでチェックするなど、危機的な状況の中でメディア・リテラシーが高まるということが起きていました。

その後、福島では、放射能被害や風評被害など、メディアが流す情報との長い闘いが続いています。一方で、地域の人びとが、メディアに振り回されずに自らの地域、故郷を理解する大切さが見直されてもいます。

福島第一原子力発電所が立地する福島県双葉郡では、故郷への理解を促す学習として、小中学校において「ふるさと創造学」が開始されました。この学習では、

中学生へ「インタビュー取材」の指導
（2015年福島県広野町）

故郷の文化や歴史などを学び、未来を創り出すための取り組みがなされています。私たちは、この取り組みに注目し、福島の未来を子どもたちと描く試みをすることにしました。

復興の拠点——双葉郡広野町

福島県双葉郡広野町は、福島第一原発から二〇キロの境界線に位置する町です。東日本大震災による東京電力福島第一原発の事故によって、避難を余儀なくされ、多くの住民が町外、県外に避難しました。
二〇一二年九月には、双葉郡の他の

自治体に先駆けて帰町が始まり、復興の拠点として重要な役割を担っています。二〇一七年には震災前の人口の八割方が町へ戻ったという報道もありましたが、震災前と後では住民の構成も変化しています。故郷を離れざるを得ない状況におかれ、新たな地で生活を始めた人びとが、ふたたび住居を移動することは、簡単なことではありません。福島県では、そうした実情を目の当たりにすることが多々あります。

二〇一五年二月、広野町を初めて訪れた時、厳しい現実を目の当たりにする一方で、小中学校からは子どもたちの笑い声が溢れていました。広野町には、小学校一校、中学校一校があります。加えて、国の多大な支援のもと、教育からの復興を目指す象徴としての県立ふたば未来学園高校があります。

当時の双葉郡では、学校教育が成立していたのは広野町のみで、その他の学校は避難先で教育活動を行っていました。広野町は、他の自治体に先駆けて町へ戻ったものの、体験したことのない帰還後の町づくりに直面しており、学校の現場も同様でした。私たちは、広野町で、中学一年生を対象に映像制作教育シネ・リテ

東京電力広野火力発電所での取材に同行（著者と長男偉才也）

ラシーを実施することになったのです。

振り返ると、これも奇蹟のような組み合わせのご縁だったと思います。復興の要として忙殺されていた広野町役場と、現場でさまざまな課題に向き合う学校と、外部からこのプロジェクトを持ち込んだ私たちと、いろいろなプレイヤーが意見の一致を見て子どもたちと地域の未来を描く挑戦が始まったのでした。この奇蹟を起こしたのは、私たちの想いを受け止めてくれた広野町の方々、特に教育委員会の担当職員の方に多大なご協力をいただいたことによるものであり、感謝に堪えません。新年度を目前にして広野町で子どもたちと映画を撮ることになったのでした。

子どもたちと映画を撮る

二〇一五年四月、広野中学校の一年生は三二名でした。震災後に避難を強いられたため、三二名全員が最低でも一回は引っ越し、転校を小学生時に経験しています。中には、複数回転校した子もいたようで、激動の四年間と言っても過言ではありません。それでも生徒たちは、大人以上に子どもは環境の適応に苦労したのだろうと感じました。

新年度が始まり、「総合的な学習の時間」を使って、生徒たちがどのようなテーマで映像制作を行いたいのかを、担任の先生を中心にアイディアを出してもらいました。最終的に生徒たちがテーマに選んだのは、次の六つになりました。

・復興
・ふたば未来学園
・歴史

中学生による撮影風景

・伝説
・火力発電所
・未来

それぞれ四名～七名のグループに分かれて、どのような掘り下げ方を行い、誰に取材をするかなどを検討し、「総合的な学習の時間」にふさわしく主体的に物事を考える取り組みが行われました。

私たちが、各グループ担当の講師陣を引き連れて広野中学校を訪れたのは、七月中旬でした。映像機材を生徒たちに触ってもらい、二学期に行われる映像制作本番に向けた講師も入り一日かけてグループ作業を行いました。

講師陣は、日本映画学校を卒業し映画業界で活躍する若手のプロである職業人にお願いしました。これには、いろいろな意図があったのですが、大きな理由の一つは、生徒たちに教室だけではなく、社会との接点を理解してもらいたいと思ったからでした。

プロである職業人は、実社会の中でモノづくりを行っています。厳しい部分もありますが、生徒たちの創造力やモノづくりへの意欲に真摯に向き合い、協働する力を持っています。私は、広野中学校の生徒だからこそ、映像制作を通じて、実社会を主体的に読み解き、自らの置かれている環境を客観的に評価することが大切だと思い、講師を依頼しました。講師陣は、本番で生徒たちと人間関係を構築し、寝る間を惜しんで作業に徹し、プロとして職業人がする仕事を生徒たちに見せてくれたのでした。

七月の事前学習の後、生徒たちは二学期の冒頭に映像制作に取り組みました。撮影と編集にあたえられた期間は三日間。各グループが一〇分程度の作品を完成させます。映像を撮ることが身近になった今では、誰でも容易に映像作品を制作

広野中学校での完成試写会

することが可能になりました。

一〇分の映像作品はそんなに難しそうに感じないかもしれませんが、テーマ設定からそのテーマをどのように追求し、どのような素材が必要で、どういう人に取材に行く……などを議論していくと、一〇分という尺に収めるのは難儀なことです。

撮って出すだけではなく、編集作業も行います。編集によって作品はいかようにも変わりますから、編集もするという観点を持ち、取材・撮影を行います。映画作りが初めての生徒たちは、どんどんカメラを回す、映画作りを知っている講師たちは、大量に撮られていく映像を見ながら、三日間「寝る時間はないな」と覚悟し

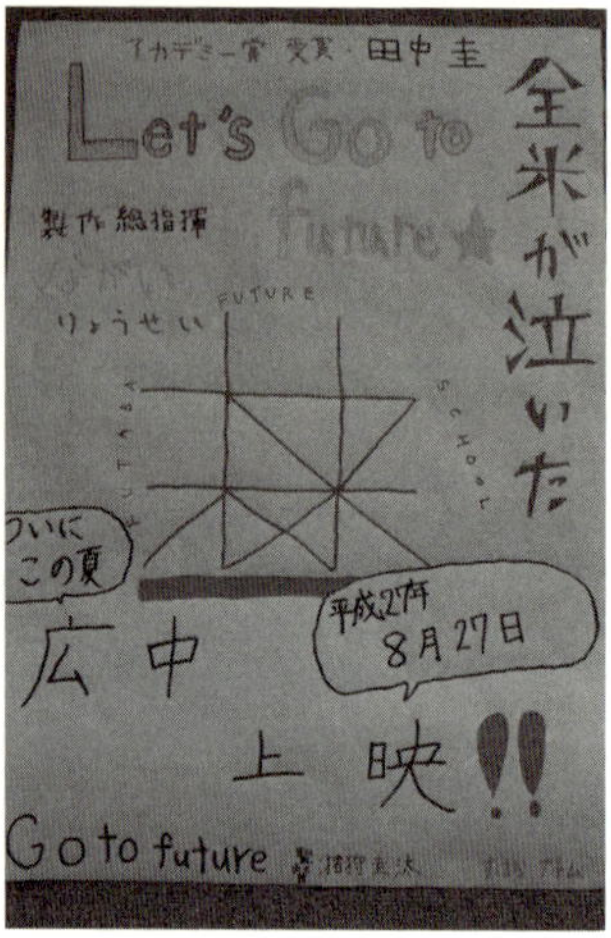

中学生が作成した宣伝ポスター

たかもしれません。

映像制作本番には、講師のほかに日本映画大学の学生が二名ずつ各班に配属されました。彼らの役割は、映像制作の補助なのですが、講師よりも生徒たちに年齢が近いという利点を活かして講師と中学生の橋渡し的な役割を担ってもらいました。

大学生たちは、生徒たちと打ち解け、コミュニケーションをとりながら、生徒たちがどのような意見を主張したいのか引き出してくれました。

広野中学校での取り組みで学んだことの一つに、このモデルがあります。職業人の講師と、対象の生徒（児童）の間に立つ存在

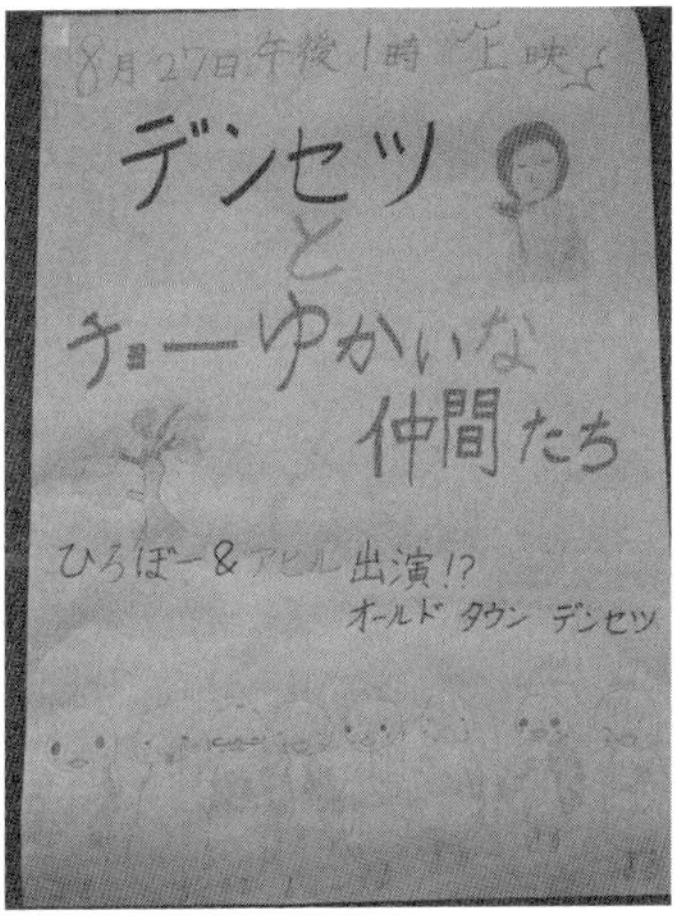

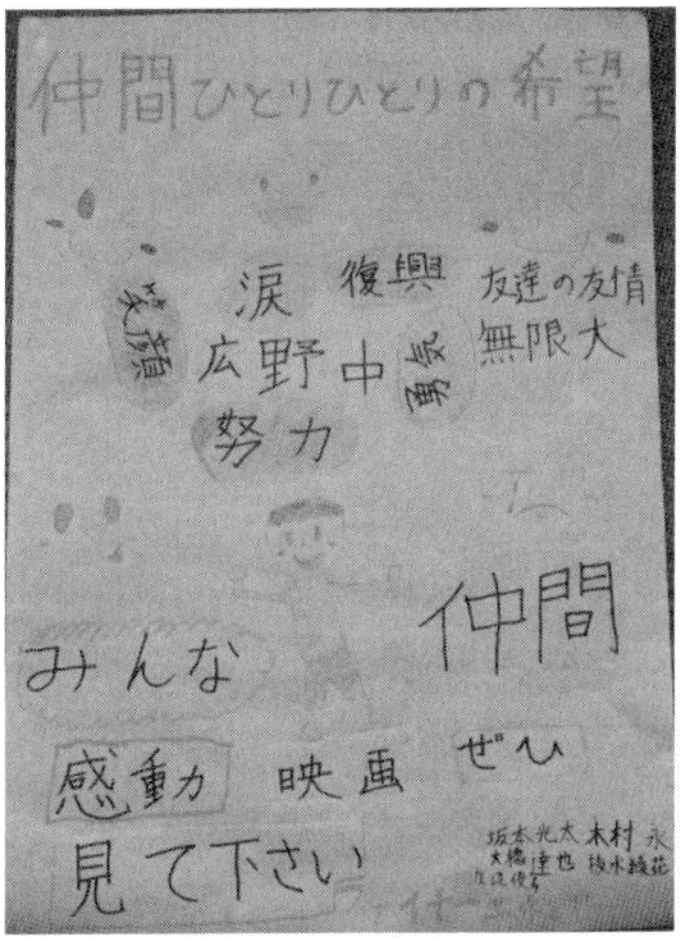

中学生が作成した宣伝ポスター

は、それぞれの立場の人々にとって、学びの多い取り組みに発展させるための大切な役割だと感じました。

終了後に参加した学生たちにヒアリングをすると、彼ら自身にとって有意義な学びであったと感想を述べる学生も多く、このモデルは他地域でも積極的に採用すべきだと感じました。

難民キャンプにおける取り組み

映画制作を活用したリテラシー教育は世界各国で行われています。カナダやイギリス、オーストラリアなどのメディア教育先進国はもちろん、その他の国や地域でも行われています。

ただ今回のような災害被災地における子どもの学びとして実施したケースは、私が調べた限りではほとんどありませんでした。類似のケースとして注目したのは、イラン人の映画監督チームによる、難民キャンプでの映像制作教育でした。

それは、内政の混乱と紛争が激化するシリアから逃れてくる難民キャンプでの取り組みでした。イラン人映画監督とそのチームが、難民キャンプで子どもたちにドキュメンタリーの制作指導をするものでした。子どもたちが向き合ってきた現実は、私たちの想像を絶するほど厳しい紛争下での体験です。そうした体験や現実と向き合いながら、難民キャンプの中で撮影は進められました。

印象的だったのは、スタッフが子どもたちにどのように撮影することが効果的かを指導するシーンでした。スタッフは、映画撮影の現場さながらに厳しく子どもたちと向き合い、緊張感を持たせる手法をとっていました。私は、これこそがプロである職業人が教育にかかわる意義の一つであると感じました。

教育は進学が目的であるかのように言われることがありますが、本来の教育はよりよく社会で活躍できる人材の育成が目的です。実社会で活躍する人材が教育現場に関与していくことは、子どもたちにとって大切な体験だと思います。

難民キャンプという特殊な環境下での作品制作は、子どもたちの合意形成や意思の共有など難しいことが多いと思いますが、さすがプロの映画人、子どもたちの思いや体験を引き出して、作品作りを促します。これが、協働作業を通じた自己理解につながり、紛争で傷ついた心のケアに有意義な効果をもたらす、シネ・リテラシーの効果であり、新たな可能性だと感じました。

災害被災地における新たな知見「広野モデル」

さて、福島に話を戻しましょう。世界各国で多様な教育背景のもとで映像制作教育が行われていることに触れました。映像制作を通じた主体的な学び、アクティブ・ラーニングは地域の抱える課題を教育を通じて解決に導く可能性を持っています。

これは、災害大国である日本にとっての新たな知見であり、さらには東日本大震災と原子力災害という未曽有の災害に苦しめられ、今なお過酷な現実と対峙している福島があの経験をネガティブではなくポジティブに捉えて発展していく期待を込めての取り組みです。

中学生とスタッフの集合写真（2015年広野中学校）

過酷な状況下でも、子どもたちには確実に未来を描いていく力があることを私たちは広野町で子どもたちと映画を撮りながら感じさせられました。これは本当に尊いことで、子どもたちはそうした可能性で溢れています。

日本には四季折々の美しさがあり、すばらしい自然環境があります。それは同時に自然災害との共存を意味し、日本人は常に災害とともに歩んできました。近年だけでも、地震や豪雨、火山の噴火など多くの災害を経験してきました。災害が襲いかかる可能性は常にありますし、明日、首都直下型地震や南海トラフ地震が起きても不思議ではありません。

そうした状況の中で、広野中学で実践され

た「広野モデル」は新たな災害被災地が生まれた際に、必ずや大切な役割を担うと確信しています。災害は、現実問題として回避することが不可能です。災害が起きた際には、生命を守る緊急援助がまず必要になりますが、同様に大切なのは、緊急援助後の復興に向けた取り組みです。高齢者や子どもなど弱い者が災害の犠牲になることが多々あります。一方で、復興の未来を描きそれを担っていくのもやはり子どもです。その子どもたちが未来を描く一助を、広野モデルが後押しできればと考えています。

東日本大震災とそれに伴う原子力災害からの復興事業では、近年「心の復興」という表現が多用されています。ハード面の復興は一定程度、時間とともに整備されてきましたが、人びとが心に負った傷、大切な人や故郷を失った傷はそう簡単に癒えるはずがありません。

他方、時間のみがそれを解決させるというのではなく、体系的な心のケアを行っていかねばなりません。そうした観点からも、映像制作教育が子どもたちに与えた影響や、子どもたちを通じて広野町の住民が感じたものは「心の復興」にとって大切な一歩であったと思います。

広野町での映像制作教育が終わってから半年ほど後に、住民への上映会が開催されるというので広野町を再訪しました。子どもたちが切り取った町を住民の方々がどう受け止めるか心配でしたが、その心配はすぐに吹き飛びました。

「こんなにも子どもたちが明るく育っている。本当に励まされた」「子どもたちの声が町に戻ってきた。復興を感じた」など前向きな感想を聞かせていただき、世界でも類を見ない原子力災害の被災地におけるシネ・リテラシーの取り組みは、有意義だったと確信しました。少しでも故郷福島の仲間の助けになったと思い、ホッとしたというのが本音かもしれません。

日本映画学校がつくった教育者たち

広野町でのプロジェクトを成功に導いたのは、日本映画学校の卒業生たちでした。彼らは教育者としての教育を映画学校で受けてきたわけではなく、映画とは何なのか、映画をどのようにつくるのかを学んできた学生たちでした。しかし、広野町で子どもたちと向き合う姿は、教育者そのものであり、まさに社会教育の実践を学校教育の場で見せてくれました。

そんな彼らを見ながら、映画学校は「映画」というコンテンツを通じて、多様な人材を育成してきたことを思い出しました。創立者の今村昌平監督はそうした目的もあって学校を創立しました。映画をつくるだけの映画人のみを育成するのではなく、映画というコンテンツを通じて、社会貢献をする人材育成に挑戦した場であったのです。

映画学校の卒業生には、映画業界で活躍する人だけではなく、芥川賞作家や消防士もいます。さらには、世界を放浪した後に接骨院を開業しながら震災復興などのボランティアを継続している人もいます。それぞれのビジョンを映画づくりの過程で定め、作品制作に没頭しています。それは、最近のことばでいうとアクティブ・ラーニングであり、課題解決能力を得るプロセスかもしれません。広野町で子どもたちと向き合う卒業生たちの頼もしい姿には、改めて映画学校が行ってきた教育の意義を感じ、映画学校自体が映像制作教育シネ・リテラシーだったのだと感じました。

社会を支える「人」を育てる

なぜメディアを学ぶのか

これまで、私自身の映画を通じた教育活動について綴ってきました。本宮方式映画教室運動から広野町でのシネ・リテラシーの取り組みまで、不思議な縁を感じるというか、映画人としての使命を描くシナリオに沿って歩まされてきたような感じがします。これが、私という一映画人の使命ならば、意義深い仕事をさせてもらったと思っていますし、これからもこの道を歩みたいと思います。

改めて問いたいのは、「なぜメディアを学ぶのか」ということです。

すごくシンプルなことなのですが、現代社会ではその重要性が増してきていると感じています。メディアとどのように付き合い、より良き社会をつくっていくのかがメディアを学ぶ大きな理由だと思います。

技術の革新によって、メディアの種類は豊富になり、複雑化しています。携帯電話やスマートフォンは今やほとんどの人が所持し、ＳＮＳを活用して情報が地球を駆け巡るのを体感しています。

私自身も、八〇歳の誕生日を機にスマートフォンへ機種変更し、未知の世界の扉を開きましたが、フェイスブックやツイッターは、直接会う機会が限られていた人や懐かしい面々との再会をバーチャル上で実現させてくれました。

私の年齢になってもメディア社会を痛感するのですから、デジタルネイティブと言われる若い世代にとっては、メディアはもはや空気のようなものなのかもしれません。

だからこそ、メディアとどのように向き合うか、なぜメディアを学ぶのか、メディアを学んだ先に何があるのか。そうした疑問を問い続ける必要があると思います。

民主社会の成熟にはメディア・リテラシーが必要

なぜメディアを学ぶのかといえば、社会を形成するためだと考えています。社会の一員として市民は、情報を精査し、それぞれの選択の中で判断し、人類の平和と繁栄につとめています。そのため情報を精査するだけでなく、自己の判断に基づいて主張・発信していくことが求められます。

いわゆる民主社会は、そうした選択と主張と判断の連続で成り立っていますが、わかりやすいのは選挙です。それぞれが、情報を入手し、比較検討をして判断（投票）をする。政治参加には、市民の質も問われ、そのためのリテラシーはとても重要だと感じています。

マスメディアに頼らずに自ら情報を入手できる時代になった今、私たちは多様な価値観と主張を自由に発信できる権利を持っています。その権利の一つは多様なメディアが使えるということかもしれませんが、正しく使いこなすことができれば、民主社会の底上げになると信じています。

ユネスコは過去一世紀にわたって「民主社会の成熟のためにメディア・リテラシーが重要だ」と訴え続けてきました。日本においても近年そうした国際的な流れを気にし、メディアを学ぶことが社会や政治を良くすることにつながるという相関関係を理解し始めたと感じています。

これからの日本におけるメディア教育は、社会を担う子どもたちにとって重要かつ民主社会の成熟のために必要なツールの一つだと思っています。そうした意味も含めて、未曾有の災害からの復興を目指す福島の子どもたちが、未来を描く力を、映画を通じて育み、これからの福島をつくっていく。こうした取り組みが拡がり、これからの社会をつくっていく人が育つことが、楽しみです。

映画を通じて世界を愛したいと願った一人の映画監督として、そうした未来を一緒に描くことは、最高にやりがいのある取り組みだと思っています。

エピローグ「古き友　バラおくられて涙でる」

二二歳の学生の時に応募したシナリオコンクールで、映画の師となる新藤兼人先生と出会いました。

入選作品の末席に連なった際に、新藤先生は、私のシナリオに対して辛口の講評をされました。若き日の私は、新藤先生に「それでは、また書いたら見ていただけますか?」と生意気に問いかけました。先生は「見るので送ってきなさい」と温かい言葉を返してくれました。当時すでに売れっ子だったにもかかわらず、私がシナリオを送るたびに感想を書いた葉書が送られてきました。これが、師弟関係のスタートでした。

二四歳の時に名匠・吉村公三郎監督作品『一粒の麦』で脚本家としてデビュー、新藤兼人監督作品『第五福竜丸』で助監督を務め、映画監督に向けての修業を積ませていただきました。その後、新藤先生の立ち上げた独立プロ・近代映画協会に所属し、監督として映画をつくるチャンスを待ちました。

新藤監督作品『裸の島』がモスクワ映画祭でグランプリを受賞し、世界七五カ国に買い取られた時でした。近代映画協会には、それまでの借金を超える大きな収入が入り、新藤先生はロシアからの帰国直後に、私を含めた助監督三人を呼び出しました。

「君たちの映画に金を出そう。映画企画一本に付き五〇〇万円で力を出してみてくれ」

二年後、助監督の一人、勝目貴久君は『われら人間家族』を完成。さらに二年後、私が脚本を書いた『こころの山脈』（吉村公三郎監督）が完成し、その年の映画作品ベスト10に選ばれたのでした。こうして、私の映画人としての独立した歩みが始まりました。

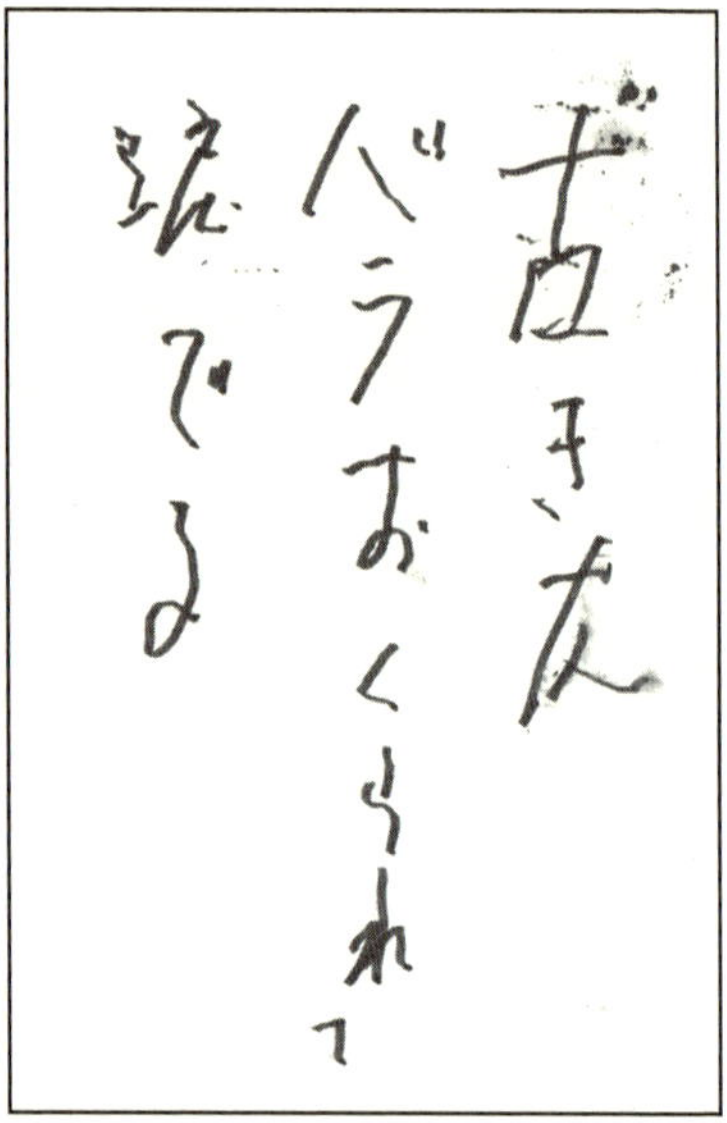

新藤兼人監督から送られたハガキ

新藤先生がお亡くなりになる数年前、誕生日のお祝いに赤いバラの花束を贈りました。

後日、直筆で書かれた葉書が届きました「古き友　バラおくられて涙でる」。

私は、ようやく先生に認めてもらうことができた、と心が躍りました。

二〇〇四年に著した『映画で地球を愛したい』は、新藤先生をはじめとした多くの方々に支えられた映画人としての感謝の記録でした。

あれから一四年ほど経ち、二〇一八年を迎えました。この間、私たちの環境は大きく変わりました。生涯の師である新藤先生は天寿を全うしました。世界ではスマトラ島沖地震にリーマンショック、次々に起こる紛争や難民問題……。特に東日本大震災とそれに伴う東京電力福島第一原発の事故は、その後の日本と世界に大きな影響を与えた出来事でした。この災害と事故は、福島出身の私にも大きな衝撃を与え、自身の活動への問いを深める契機になりました。

社会情勢が変わる中で、新たな取り組みも時代の要請に応じて動き出しました。それまで受動的な学びの偏重が見られた日本の教育ですが、「アクティブ・ラーニング」の言葉に代表される、主体的で探求的な学びが主流になりつつあります。

オーストラリアでの映画制作教育「シネ・リテラシー」は、その当時、日本映画学校（現日本映画大学）の仲間や映画関係者が取り組むワークショップなどでの限定的な試みでしたが、アクティブ・ラーニングへのシフトと連動するように、研究者や地域、団体が独自の展開を拡げています。また、二〇一五年からは日本で初めて公教育のカリキュラムとして、復興に向かう福島県双葉郡広野町の中学校で、先生方と協働し、子どもたちとの映画制作が行われています。この試みは東京都でも採用され、その他の地域に拡がっているのは、本当に喜ばしいことです。

大きく時代が変わり始めた中で、改めて筆を執ったのは、今だからこそ見えてきた自分自身の取り組みの意味を問い直そうと思ったからでした。

私は、マザー・テレサと向き合いながら、「職業人」として何をすべきか、常に悩んできました。それは人間誰しも悩み続ける問いではありますが、私はやはり「『映画人』として仕事を行っていくことである」と思いながら、「映画をつくること」とは何なのかを考えてきました。これまでの取り組みを振り返りながら、映画をつくることは、意図せずして、「人を育てること」なのではないかと思うようになりました。

二〇一七年九月五日、東京・足立区のマザー・テレサの修道会「神の愛の宣教者会」で、うれしい出会いがありました。マザー・テレサ帰天二〇年の記念ミサに遠路、関西から片柳弘史神父が来られました。彼は、ミサのスピーチの中でこう話され

「神の愛の宣教者会」で片柳弘史神父（左から２人目）と

ました。

「私は若い頃にマザー・テレサを映したテレビ番組『今ここに愛の奇蹟』を見て、強いショックを受けたのです。その感動から勤め先を辞めてインドのカルカッタに出向き、二年間マザー・テレサのもとで働かせてもらいました。マザーに勧められて神父になり、そのおかげで、今日ここに立っています。

そのテレビ番組を作ってくださった方が参加されています。千葉茂樹監督です」と私たちを紹介してくれたのです。私はうれしかった。マザー・テレサの映像を作ることができてよかったと思いました。

この片柳神父のような若い世代がマザー・テレサの想いをしっかりと継いでくれるのだと確信しました。

「映画とは何なのか」という問いに対しては、映画人だけでなく、すべての人々に多様な考え方があると思います。私は、職業人として、また映画を愛する一人の人間として、映画には不思議な、そして魅力的なチカラがあると感じています。それは、人を育てること、社会を動かしていく大きなチカラであると信じています。

そして今、シネ・リテラシーはさらなる発展を遂げようとしています。本書の完成まで、陰で支えてくれたのが長男の偉才也でした。彼は一般社団法人リテラシー・ラボ代表であり、彼の力によって各地でのシネ・リテラシーが推進されています。そして、その現場では映画学校の仲間たちが活躍をしています。私たちの想いを継承し、社会のために活動している仲間が増えていることが何よりの喜びでもあります。こうした仲間の皆さんに改めて感謝をしたいと思います。

終わりに、本書を出版するにあたり多大なご協力と寛容な心でお付き合いいただいた燦葉出版社の白井隆之社長、パピルスあいの鵜飼清氏に心から感謝を申し上げたいと思います。

二〇一八年七月

千葉茂樹

作品一覧

映画

『一粒の麦』で脚本家デビュー。（大映、一九五九年）
『山男の歌』（大映、一九六二年）
『こまどり姉妹』（東映、一九六四年）
『こころの山脈』（東宝、一九六六年）
『青春ア・ゴー・ゴー』（日活、一九六七年）
『哀愁の夜』（日活、一九六七年）
『高原のお嬢さん』（日活、一九六七年）
『孤島の太陽』（日活、一九七〇年）
『モスクワわが愛』（東宝、一九七五年）
短編ドキュメンタリー『愛の養子たち』（近代映協・一九七四年 文部省特選）で監督デビュー。
以下は長編ドキュメンタリー
『マザー・テレサとその世界』（近代映協・女子パウロ会、一九七八年）で、毎日映画コンクール文化映画グランプリほかを受賞。
『平和の巡礼者』（近代映協・女子パウロ会、一九八一年）
『アウシュビッツ愛の奇跡―コルベ神父の生涯―』（近代映協・女子パウロ会、一九八一年）
『アンデスの嶺のもとに』（東京シネ・ビデオ、一九八二年、毎日映画コンクール文化映画グランプリ）
『リアムのすむ村』（日本ユニセフ記念映画、一九八三年）
『こんにちわ地球家族』（近代映協・地球家族の会、一九八五年）などで脚本・監督。
『繍いの美―ある刺繍工房の記録―』（近代映協、一九八八年）
『あしたが消える――どうして原発？――』（マジックアワー・シネマディスト、一九八九年）
長編アニメーション映画『ゼノ―かぎりなき愛に―』（一九九九年）脚本及び制作。
『豪日に架ける～愛の鉄道』脚本・監督（一九九九年、第29回毎日福祉顕彰、二〇〇〇年、第12回ＡＶＡＣＯ〈キリスト教視聴覚連盟〉教育賞受賞。二〇〇一年ＯＣＩＣ・ＪＡＰＡＮ特別優秀賞）
『CINE LITERACY 映画をつくる子どもたち～オーストラリアの挑戦～』（市民グループ地球家族の会、二〇〇七年）
『マザー・テレサと生きる』（東風、提供　女子パウロ会＝プレシディオ、二〇〇九年）

『アジアの呼び声に応えて』〈日本キリスト教海外医療協力会〈JOCS〉、一九九二年〉
他

テレビ

「人に歴史あり」〈東京12チャンネル〈現テレビ東京〉、一九七一年以降〉の構成を担当。

「ナブ号の世界動物探検」シリーズ〈NTV、一九七一年〉で演出担当。

「世界のおかあさん」シリーズ〈テレビ朝日、一九七八年〉で、26本のプロデュース担当。

「赤毛のアン」シリーズ〈フジテレビ、一九七九年〉で、一年間の脚本執筆。

「今ここに愛の奇蹟」〈日本テレビ、一九八〇年〉

ドキュメンタリー「人間劇場」シリーズ〈テレビ東京、一九九一年〉で演出を手掛ける。

他に、単発のドキュメンタリー番組で演出活動を続ける。

NHKプライム11「国際養子の絆はいま」〈一九九五年〉

舞台

舞台劇『京ぼたんの里』（普門館で青年座のユニット出演、一九七〇年）の脚本を執筆。

著書

『マザー・テレサこんにちは』（女子パウロ会、一九八〇年）
『マザー・テレサとその世界』（女子パウロ会、一九八〇年）
『コルベ神父―友のためにささげたいのち』（女子パウロ会、一九八二年）
『こんにちわ地球家族―マザー・テレサと国際養子―』（女子パウロ会、一九九一年）
『映画で地球を愛したい―マザー・テレサへの誓い』（パピルスあい、二〇〇四年）

参考文献

浅井和行「メディア・リテラシー教育のためのカリキュラムガイドの開発と評価」関西大学大学院博士論文（二〇〇九年）
岡部司『アッパの眼』東洋館出版社（一九六五年）
上杉嘉見『カナダのメディア・リテラシー教育』明石書店（二〇〇八年）
Ontario Ministry of Education,（1989）Media Literacy : Resource Guide,（カナダ・オンタリオ州教育省編『メディア・リテラシー──マスメディアを読み解く』リベルタ出版（一九九二年））
国連文明の同盟、ユネスコ、欧州委員会、グルーポ・コミュニカ（二〇〇九年）『世界のメディア教育政策』（坂本旬・村上郷子・高橋恵美子訳、二〇一一年）
菅谷明子『メディア・リテラシー──世界の現場から──』岩波書店（二〇〇〇年）
鈴木みどり『メディア・リテラシーを学ぶ人のために』世界思想社（一九九七年）
竹川慎哉『批判的リテラシーの教育──オーストラリア・アメリカにおける課題──』明石書店（二〇一〇年）

中村純子「西オーストラリア州メディア・リテラシー教育の成果と展望」情報誌ライブラリ十三号（二〇〇七年）
西本三十二『学校放送実施の趣旨』日本放送教育協会（一九七三年）
花豊真紀子『メディア・リテラシーの向上と公教育の役割』法政論叢46(2)（二〇一〇年）
村山匡一郎『諸外国及びわが国における「映画教育」に関する調査　最終報告書　第一巻』国際文化交流推進協会（二〇〇六年）
森本洋介『メディア・リテラシーにおける「批判的」な思考力の育成』東信堂（二〇一四年）
吉見俊哉『メディア・スタディーズ』せりか書房（二〇〇一年）
吉見俊哉『メディア文化論――メディアを学ぶ人にとっての15話』有斐閣アルマ（二〇〇四年）
吉見俊哉、水越伸『メディア論』放送大学教育振興会（二〇〇一年）

写真提供

・日本映画大学
・ラリータ・デ・ソーマー

千葉茂樹（ちば・しげき）
1933年福島県生まれ。映画監督。福島県立福島高等学校、日本大学芸術学部卒。大学卒業後は、大映東京撮影所にて助監督を務め、24歳で映画『一粒の麦』で脚本家デビュー。独立プロダクション近代映画協会に所属し、映画『愛の養子たち』（1974年）で映画監督デビュー。以降、ドキュメンタリー作品制作を中心に活動。世界に先駆けてインドの修道女マザー・テレサの活動を追った映画『マザー・テレサとその世界』（1978年）で国内外多くの映画賞を受賞。オーストラリアにおける映画制作を用いた教育手法「シネ・リテラシー」の国内での推進にも積極的に取り組んでいる。前日本映画学校校長、元日本映画大学特任教授。第29回毎日社会福祉顕彰、第4回豪日交流基金賞など受賞。

映画で人を育てたい
マザー・テレサに魅せられて

（検印省略）

2018年11月20日　初版第1刷発行

著　者　千葉茂樹
装　丁　千葉照紗　千葉くらら
発行者　白井隆之

発行所　燦葉出版社　東京都中央区日本橋本町4－2－11
電　話　03（3241）0049　〒103－0023
ＦＡＸ　03（3241）2269
http://www.nextftp.com/40th.over/sanyo.htm
印刷所　ミツワ